Meine Liebe ist anders

Gedichte

Giulia Patruno, Felix Martin Gutermuth,
Ingrid Baumgart-Fütterer u.v.a.

Dorante Edition

Meine Liebe ist anders

Gedichte

**Giulia Patruno, Felix Guthermuth,
Ingrid Baumgart-Fütterer u.v.a.**

Bibliografische Information durch die Deutsche Nationalbibliothek: Die Deutsche Nationalbibliothek verzeichnet diese Publikation in der Deutschen Nationalbibliografie; detaillierte bibliografische Daten sind im Internet über http://dnb.d-nb.de abrufbar.

herausgegeben durch das Literaturpodium, Dorante Edition
Berlin © 2021, www.literaturpodium.de
ISBN: 9783754312360

Foto auf der Vorderseite: Giulia Patruno

Druck und Verlag: BoD – Books on Demand, Norderstedt

Giulia Patruno

Das Leben ist schön

Ich blicke in den Himmel,
Wolken auf Reisen, die ihre Formen verändern,
ab und an die Sonne verspeisen
um sie dann wieder durch zu lassen,
unsere Körper bedeckt
von den warmen Strahlen.

Dann werde ich etwas mutiger
wenn ich daran denke,
dass Dinge
sich immer neu erfinden.
Zweitausendneunzehn
bin ich mit der Welt verbunden.

Wenn sich nichts geändert hätte
wäre ich heute mineralisch.
Aber ich werfe mich lieber
in die Arme des Windes,
mach ein Segel mit den Händen
und fühle alle Sinne.

Will leuchten wie ein Stern,
das Leben genießen, neue Dinge erlernen.
Bereicherungen fühlen.
Werde niemals müde, hab das Leben gern.
Will alles aufsaugen,
alles was ich nicht kenn'.

Will alle Signale empfangen
als wäre ich eine Antenne
auf dem Dach eines Hauses.
Sehen wie die Sender
in meinem Zimmer gelangen,
dabei die Programme auf Glück einstellen.

Die Ewigkeit ist
nur ein Wimpernschlag,
kann den Sommer riechen,
das Meer hören aus einer Muschel.
Deine liebenden Hände sehen
wenn sie durch meine Haare wuscheln.

Ich möchte mich sonnen in deinen Augen,
so glänzend wie Seide.
Ein Beben im Herzen?
Kann ich mir erlauben.
In meiner Umlaufbahn
drehst du schon deine Kreise.

Und heut Nacht
sieht diese Stadt wunderschön aus
zwischen all den Lichtern
und den Statuen aus Stein.
Streichle nochmal meine Haut,
heute Nacht will ich deine sein.

Auf den Mauern sehe ich dein Gesicht geschrieben
zwischen Blättern und Wiesen
werden wir uns lieben.
Zwischen all den Geschichten dieser großen Stadt,
zwischen all den Stolperfallen
läuft wieder alles glatt.

Im Regen und im Gewitter,
mein Herz bleibt in Flammen.
Fülle mein Gesicht mit deinen Küssen
denn nur mit dir zusammen
mag ich an nichts anderes denken,
außer daran, dass wir uns Leben schenken.

Giulia Patruno

Heimat

Einen Platz hab ich gefunden,
wie damals
als ich sechs Jahre alt war,
Sonntags Eiscreme aß,
einen alten Film schaute
und im Bett saß.
Wusste noch nicht, dass ich
dich eines Tages verlass'.

Es tut mir leid, Heimat,
dass ich dich nun verrat'
und was wir jemals hatten
einfach aufgab.
Vergib mir, dass ich
mit deinem Herzen gespielt hab.
Sei dir gewiss, dass es weh tat
als ich nachgab.

Wenn ich könnte,
würde ich zurück
zu dir,
oh Heimat.
Wie damals in der Nacht
durch die Straßen
als ich dachte, du hättest
nicht diese Macht.

Als wir nicht
darüber redeten,
wo wir sein werden
in zehn Jahren.
Geträumt hatte
von deiner Bühne
doch du wolltest es
nicht gestatten.

Keinen Schaden
anrichten wollte damals,
keinen Schaden.
In mir werde ich dich
immer tragen.
Wenn ich bloß könnte,
zu dir wie damals,
Heimat.

Giulia Patruno

Meine Liebe ist anders

Du beendest meine schwarzen Jahre,
beendest die Nächte
in denen ich nicht schlafe.
Ich schalte die künstlichen Lichter aus,
schau mir lieber die Sterne an
und geh mit dir raus.

Denn das sind alles Versuche,
dir zu sagen, dass ich dich liebe.
Auf der Suche
nach Wörtern und Taten
keine anderen Definitionen,
keine richtigen Adjektive.

Wenn jedes Mal
ein erstes Mal ist,
ich mich Sorge weil du wichtig bist,
dann braucht es kein „für immer"
geschweige Ordnung
in alle Zimmern.

Es ist die Summe der Mängel
die wir tolerieren.
Keine Erwartungen,
kein Manövrieren.
Nur Gewissheit, meine Liebe ist anders.
Meine Liebe ist keine Selbstaufgabe.

Medien wollen mir erzählen
was ich ändern soll
in meinem Leben.
Doch ich möchte,
dass du dich darauf verlässt,
diese Hände halten dich fest.

Es ist die Reinheit deiner Absicht
in diesen unmenschlichen Zeiten.
Sich zu erkennen
zwischen all den Menschen,
Zähne zusammenbeißen
und dabei lächeln.

Denn alles was zählt ist, dass uns nichts fehlt.
Wir haben ja uns!
Auch die grauen Tage
bekommen bei dir Farbe.
Deshalb kann ich sagen, meine Liebe ist anders.

Braucht keine Antworten, keine offenen Fragen.
Darfst also gern bei mir bleiben und mir vertrauen,
bin besonders, unterscheide mich von allen.
Keine Schublade oder schlechte Romane,
meine Liebe ist anders, sie ist süß wie Schokolade.

Giulia Patruno

Tag für Tag

Ich würde dich gern' begleiten
wenn du deine Träume verwirklichst,
dich anschauen wenn du beginnst
zu strahlen wie Sternenlicht.

Ich würde dich gern' stützen,
solltest du straucheln
und dich halten
solltest du fallen.

Du darfst mir vertrauen
mit geschlossenen
oder offenen Augen
auf mich bauen.

Ich lass dich nicht fallen.
Höchstens in meine Arme.
Werde dich beschützen
wie die Schweizer Garde.

Weil ich dich liebe mit jedem Herzschlag,
an dich denke und denke
Versammlung von Minuten,
Tag für Tag.

Weil du es verdient hast,
dass man dich so liebt
mit allen Ecken und Kanten.
Wo du bist, ob es dir gut geht?,
sind meine Gedanken.

Dich lieben und lieben, alles an dir,
vor allem deine Fehler.
Das Feld würde ich für dich räumen
begegne ich deinen Gegnern.

Vielleicht füreinander bestimmt,
so unrealistisch es auch klingt,
ich Träumer, du offenes Meer,
goldenes Glück, mein Herz für dich glimmt.

Giulia Patruno

Jetzt geht es mir gut

Da habe ich mir den Staub
von der Seele geklopft
und mich mit dem Kopf zuerst
aus dem Fenster gehängt,
einen halben Winter lang
bis meine Seele
eine einzige Falte
von dir geworfen hat.
Nun tust du mir leid
denn plötzlich bist du es,
der es nicht gut geht,
nicht mehr, jetzt, alleine.
Wie vor langer Zeit ich
im »wir« gelitten habe,
schmerzt dich nun das »du«.
Und ich habe mich
wieder gefunden.
Ein bisschen ramponiert
vielleicht nach all der Zeit.
Danach habe ich mir
einen neuen Park gesucht.
Jetzt geht es mir gut.

Giulia Patruno

Der Grund

Hast mich gefunden
dort an der Ecke
mit geschlossenen Fäusten,
mit den Schultern gegen die Wand,
deine Gefühle waren die scheusten.

Damals stand ich in der Schlange
mit dem Desillusionierten.
Doch du hast nicht gezögert,
kein Weichen,
gehörst wohl zu den „Unbeirrten".

Hast mich eingesammelt
wie eine streunende Katze,
mich zu dir gebracht
ohne Gedanken,
ob ich dich kratze.

Und so stehst du nun hier
mit geschlossenen Augen
bereit mich zu verteidigen,
bereit für alles und ich
werde es dir erlauben.

Manchmal bist du zerbrechlich,
besitzt aber hauptsächlich
die Kraft einer Boeing 737,
nimmst das Steuer in die Hand
um dich in Sicherheit zu wiegen.

Und dann fliegst du
den Himmel weit hoch,
träumst über den Wolken
von Kunst und Abenteuern
die Mut machen und auch Angst.

Veränderst meine Tage
ohne dich selbst zu ändern.
Wirst zum Grund aller Gründe,
Substanz meiner Träume.
Für dich jeder meiner Atemzüge.

Und an manchen Tagen
magst du dich nicht,
bist nicht immer von dir begeistert
und wunderst dich,
dass du für mich ein Wunder bleibst.

Denn die Kräfte der Natur
sind in dir vereint.
Mal bist du ein Stein,
mal eine Pflanze, die blüht,
mal ein Hurrikan, der mich umhaut.

Mal der Horizont, der mich begrüßt.
der mich begrüßt
wenn ich mich entferne.
Selbst Müdigkeit
gestaltest du gerne

in ein unermessliches
Vergnügen.
Du bist es geworden,
der wichtige Grund
alle Gründe zu ergründen.

Giulia Patruno

Mit dir

Jeder Schritt, jeder Ausdruck, jede Geste.
Wenn du fehlst, ich an deine Augen denk,
color „celeste", smaragdgrünblaugrau
sind deine Farben.
Sie sind so tief wie der Marianengraben

Es gefällt mir stehen zu bleiben um an dich zu denken.
Habe das Bedürfnis dir mein Herz zu schenken,
wie in einer anderen Hemisphäre
bei deinem bloßem Anblick.
Nicht nötig zu erklären, kannst lesen wie ich bin.

Doch mit Mittelmäßigkeit gibst du dich nicht zufrieden.
Nimmst dir gerne Zeit, alles andere wär übertrieben.
Willst lieber weiter weit, halbe Sachen nicht dein Ding.
Immer hast du einen Plan.
Bist selbstbestimmt entschieden.

Ich habe soviel Respekt vor jeder deiner neuen Ideen.
Würde sie nicht ändern sondern lieber sehen
oder mit dir gehen.
Denn es scheint täglich die Sonne, es gibt keinen Regen
seitdem du da bist in meinem Leben.

Und wenn doch dann bist du mein Schirm
entweder beruhigst du oder bietest mir die Stirn.
Und wenn du wieder schonungslos ehrlich bist
mir ein patsch gibst und ich denke Autsch, Mist
dann komme ich nur zu einem einzigem Ergebnis;

Dass ich einfach Lust hab'
nach allem was du machst,
nach allem was du bist.
Sogar glücklich bin wenn du mich
beim Schach abziehst.

Und wenn ich genauer drüber nachdenke,
das schöne an dir ist, dass du nicht einmal merkst
wie besonders du bist.
Was für eine schöne Geschichte wir beide schon haben,
möchte sie am liebsten als Bestseller Roman austragen.

Vielleicht bin ich auf Bewährung,
vielleicht musst du manches hinterfragen.
Ich schätze jedoch
wir können uns beide gut ertragen.
Aber macht nichts.

Ich steh einfach vor dir,
lass lieber meine Augen sprechen
mit Zuversicht in meinem Herzen
steht's geschrieben,
sogar in meinen Handflächen.

Du hübscher Gegenpol,
lauf daneben in deinem Revier.
Fühl mich ziemlich wohl
zusammen mit dir
als „wir".

Giulia Patruno

Trotz aller Widrigkeiten

Ich stimme mich ein
auf Veränderung.
Auf mich achtend,
sich wappnend.

Emotionsfrei,
Emotionsgeladen.
Bereit,
um nie bereit zu sein.

Auf die Reinheit der Ehrlichkeit
die mich empfängt,
ihre Arme breit
wie ein offenes Tor.

Oder beschleunigend
wie ein Katapult
aus mechanischer Energie,
ich, als das Geschoss.

Ich richte mich ein
auf die Erhabenheit
mit ihren Tücken,
die Auswirkungen deines Namens.

Für meine Revolution
mach ich mich zurecht.
Jedes Gesetz,
jedem Anfang.

Auf die Grandiosität des Scheiterns,
auf jeder Vorgabe, die du änderst,
der Unterschrift auf meiner Haut
bin ich bereit.

Dafür las ich Millionen voller Wörter
in all den Büchern, die enthüllten.
Lauschte Strophen,
wer weiß welcher Lieder.

Von Musikanten, Schöpfern, Freigeistern.
Hätte es eines davon gegeben,
dass mir die Liebe erklärt hätte
oder das Leben.

Jetzt bin ich soweit.
Für die Erweiterung.
Bereit
um nie bereit zu sein.

Giulia Patruno

Für einen kostenlosen Traum

Habe mir angewöhnt
nicht über alles nachzudenken.
Bedeutungen ändern sich
aus einem anderem Blickwinkel.

Bin nicht einverstanden
mit meinem Bewusstseinszustand.
Ein Freund ist grade gestorben,
fühle aber immer noch seine Gegenwart.

Also werfe ich, werfe, werfe,
werfe Wasser auf meine Mühlen.
Wünsch mir, dass dies das Jahr ist
mit dem Beginn einer Zukunft.

Liebe im Überfluss wäre beschleunigend
für die Dunkelheit meiner Jahre.
Beängstigend hoffend,
sie könnte alles heilen.

Der Winter fährt an mir vorbei
wie ein überfüllter ICE.
Alle Plätze sind reserviert
für einen kostenlosen Traum.

Schlaf, schlaf, bald ist es vorbei.
Was dich nicht umbringt
macht dich stärker
lautet ein berühmter Reim.

Ich erwarte sprechen zu dürfen
ohne ein Wort zu sagen.
Gewohnheiten sind beruhigend
doch Veränderungen muss man wagen.

Und ich schaue
und bin abgelenkt.
Schaue mich um
und überschaue.

Vergesse was ich wollte
während der Frühling
an mir vorbei fährt
wie ein überfüllter ICE.

Alle Plätze reserviert
für einen kostenlosen Traum.
Aber buch den letzten Platz
für einen ruhigeren Schlaf.

Zug voller Träumer,
der mich ans Meer fährt.
Letzte Station.
Letzter Halt.

Wellen krachen auf meiner Haut.
Auf meinen Lippen, das Salz.
Du verliebst dich, ich fühle es.
Mein Lächeln lehnt sich an die Wand.

Giulia Patruno

Auch Kritik ist Liebe

Beanstandungen zu erhalten
ist häufig nicht besonders gut.
Einige sind entsetzt,
andere empfinden Wut
oder sind tief verletzt.
Dann schluckst du sie herunter,
die negative Kritik.
Es ist kein großes Wunder

verdreht sich deine Mimik.
Kannst erstmal nicht klar sehen,
siehst Dinge vielleicht anders,
versuchst es zu verstehen.
Fühlst dich plötzlich nicht besonders.
Sie kam ganz plötzlich, unerwartet.
Brachte dich aus dem Gleichgewicht.
Aber lass dich ruhig beurteilen,
ganz sachlich und konstruktiv.
Manchmal tut es weh
und ist nicht oft bequem.
Doch bringt sie dich voran,
kommt nur drauf an wie damit umgehen.
Manchmal braucht man so einen Anstoß,
einen kleinen Schubser, der dich lenkt.
Kritik bringt dich zu neuen Ideen,
Kritik ist ein Geschenk.
Also wage diesen Schritt
darüber nachzudenken,
manchmal braucht man diesen Tritt
um dich wieder einzurenken.
Sieh nicht nur Schwarz,
lass die Gefühle nicht sehr beben,
hol deine Kostbarkeiten hervor,
Kritik zu erhalten, passiert jedem.
Sie hat zwar einen fahlen Beigeschmack
doch wenn ich was draus lerne,
ist es wiederum so, dass ich sie mag.
Also stell dich nicht als Mensch in Frage
und sträub dich nicht dagegen.
Akzeptiere Unzulänglichkeiten,
Kritik ist wie ein Segen.
Schlussendlich treibt sie dich voran
und lässt dich danach streben
ein besserer Mensch zu werden
für dich und alle in deinem Leben.

Giulia Patruno

Seltsam grausam

Ich brauche nichts als ein Wort.
Nur eins, beträchtlich überzeugend.
Ein Wort allein genügt.
Ein Tropfen Wasser, der das Meer versüßt.

Deine Eigenarten
wünschte ich zu verachten.
Wie du mich anschaust
ohne mich zu beachten.

Was ich brauche
ist deine Ausdauer.
Ausdrückliche Gewissheit,
Herzenswärme.

Fang von vorne an
verloren in deinen Augen.
Such deinen Mund, deine Hände.
Meine alltägliche Poesie.

Stumm würde ich schreien
weil es mir seltsam erscheint,
dieses Vergessen
dir zu gefallen.

Dich leidenschaftlich
wie nie zu sehen
als eine Liebkosung noch
deinen und meinen Tag verdreht.

Wie erklärst du diese Bitterkeit?
Ich brauche ja nichts als Illusion.
Werde wahnsinnig und anmaßend
für irgendeine Reaktion.

Weil ich die weiße Perle
zwischen den Steinen suche,
die verlorene Nachricht
in deinen Augen.

Seltsam.
Grausam.
Du vertraust
meinen Blicken nicht.

Wie einfach es doch war
auf unsere Sternschnuppe zu springen,
den ganzen Himmel einzufangen
und nach Hause zu bringen.

Erklär mir bitte diese Bitterkeit
inmitten der Alluvion.
Werde wahnsinnig und anmaßend.
Brauche nichts als Illusion.

Paola Reinhardt

Frühlingswunsch

Herr lass mich nicht im Frühjahr sterben,
wenn die Erde so ansteckend nach Leben riecht,
sich frisches Grün ganz neu erfindet,
der März bunte Blüten in Pastellfarben verstreut.
Nicht irrisierend leuchtend wie der Mond im Sonnenwind,
der seine prallen Hüllen beim Entfalten sprengt.
Nein eher zart wie Schmetterlingsflügel oder Elfenschleier
die Blütenkelche maienhaft umschmeicheln.
Der süße Duft verführt auch Bienen,
und hält was er verspricht mehr als ein erster Kuss
der oft aus Zufall oder Übermut erfolgt,
und dessen Zauber sich nur allzu leicht verflüchtigt.
Herr lass mich nicht im Frühling sterben …

Paola Reinhardt

Blaue Tinte

Nachtblauummantelter Sternenregen
verzaubert die Nacht,
in dem ich vom Glück träume
Frühlingslächeln im Herbst
verbreitet sich wie später Veilchenduft
auf meinem wartenden Gesicht,
während nicht weit von mir
desillusionierte Asphaltschafe
ihr Seele für einen Rausch verkaufen,

Bald wie sich der Schnee
den Rest der Üppigkeit nehmen,
die Sommer und Herbst zurückließen.
Versöhnt mit dem Schicksal,
eins geworden mit dem
nachtblauummantelten Sternenregen
erträume ich mir Poesie und lebendige Wärme.

Kenne deine Stimme noch nicht
die mich an einem
im Tau schwelgenden Morgen
mit einem neuen Namen rufen wird,
doch ich spüre schon jetzt
wie meine Kreativität zurückkehrt,
und sich in blauer Tinte wie verströmende Lava
Buchstabenaneinandergereiht
über das unbefleckte Papier ergisst.

Nico Hardrath

Folgenreiches Strandgeflüster

Ich möchte ein Leben lang dir Liebe schenken
aus tiefstem Herz, mit vollen Händen,
und dir dann bei Nacht und Tag
beweisen wie sehr ich dich mag.

Noch keine Frau sah mich so an,
dass ich es oft nicht glauben kann,
wie groß die Liebe die du mir gibst.
Es ist wundervoll wie du mich liebst.

Drum zeigen will ich dir sogleich,
dass deine Liebe füllt mich reich.
Und jeder Augenblick mir deutet,
jede Sekunde wäre vergeudet,
in der ich würde mich nicht verzehren,
oder meine Liebe an deiner nähren.

Da es schöner nicht mehr werden kann,
würde ich mit allem Mut sodann,
auf die Frage aller Fragen deuten:
„Dürfen Hochzeitsglocken für uns läuten?"

Nico Hardrath

Kuss um Kuss

Will nicht nach deinen Lippen schmachten,
würde lieber mich an ihnen sehen,
als sie soeben neckisch lachten,
mochte ich auf ihnen niedergehen.

Ein wahrer Reigen aus Berührung,
schafft ein betörend zartes Leiden,
Kuss um Kuss schärft die Verführung,
das Begehren in uns beiden.

Dieses gräbt sich in die Lenden,
hält sich an jeder Faser fest,
meine Lust in deinen Händen,
du meinen Willen sterben lässt.

Willenlos und lustbefangen,
taumelnd unter höchsten Wogen,
welch ein leidvoll groß Verlangen,
lässt jede Zelle in mir toben.

Es pulsiert so ungehalten,
wo eben noch Beherrschung war,
treibt nun unter Urgewalten,
mein Verlangen ganz und gar.

Deine Hand die Wege findet,
welche spürbar zielgerichtet,
dafür sorgt das alles schwindet,
die Zurückhaltung vernichtet.

Nico Hardrath

Laut geträumt

Ich wünschte mir etwas mehr von dir
und wünschte es wäre ein Kind,
ich hoffte, dass ich in seinen,
die Schönheit deiner Augen find.

Und wenn es noch dein Lächeln hätte,
ein Lächeln sondergleichen,
es würde mir wie dein eigenes
bis in die Seele reichen.

Und wäre da noch die Melodie,
die deine Stimme singt,
ein Laut aus seinem Munde,
bis in mein Herz mir schwingt.

Nun weißt du was mich glücklich macht,
neben unserer schönen Ehe,
der Blick auf unser beider Kind,
das ich in deinen Armen sehe.

E.C.M.Tüx

Auf und Ab

die Sehnsucht kommt in Wellen
vorwarnungslos
ich schlingere
wie ein kleines Schiffchen im Wind
hin- und hergeworfen
von Emotion zu Emotion
von Verlangen zu Hoffnung
von Träumen zu Zweifeln
von Verwirrung
bis hin zum Wunsch einer Flucht aus mir selbst
zu viel
zu tief
zu machtentreißend
die Erkenntnis des Ausgeliefertseins
ein nasser Schlag der peitschenden Gischt
die im Wellental über die Reling klatscht
starker Seegang
meinen Magen bezwingend
mein Kopf dreht sich
das Gehirn versagt
überall Dein Gesicht
Dein Lächeln
das die Zeit um mich herum scheinbar zum Stillstand bringt
doch wenn ich die Augen wieder öffne
sind viele Stunden vergangen
und ich frage mich
was das für ein Ufer ist
an dem ich gelandet bin
und ob ich an Land gehen soll
oder lieber weiterfahren
ich höre deine Stimme
in der Ferne
und zugleich ganz nah
ich weiß nicht
wo vorne ist und wo hinten

welchen Weg ich gehen soll
und was du damit zu tun haben wirst
so fern und doch
zugleich ganz nah
ich bin unleugbar durchdrungen
von Frühlingsgefühlen
glücklich
und undefinierbar schlingernd
ein kleines Schiffchen im Wind
die Sehnsucht kommt in Wellen
vorwarnungslos

E.C.M.Tüx

Sprachlos

Es regnet Wörter.
In den Armen der Trauerweide
verhedderte Gedankenfetzen
als seien sie ihrer eigenen
Sprache beraubt,
gezwungen,
zu schweigen,
bar jeder Ausdrucksweise.
Nur der Regen plätschert
und die alte Weide weint.

E.C.M.Tüx

ab_lage

Mein Spiegelbild
liegt auf dem Boden,
verheddert
zwischen Staub und Kies und Matsch.
In meinen Hals
bohrt sich ein Zweig
von einem morschen Ast.
Meine Augen
ringen in der schlammigen Pfütze
nach Atem.
Aus meinen Ohren
wachsen Unkraut und bleiches Gras.
Meine Zähne –
verbissen in einen Fliegenpilz.

Alles ist in Dunkelheit und Kälte gekleidet.
In meinen Wangenknochen
nistet ein halber Mond
und schweigt.

Felix Martin Gutermuth

Tage im Taumel der Sterne

So wie der letzte
seiner Art
in einem Meer aus giftigen Fischen
schlenderte ich durch die Gassen, umgeben von
Versagern ihrer Art
so waren wir der Abschaum dieses Planeten
der Wahnsinn der Zeit

Eine Generation trank auf der Straße
torkelte mir entgegen, Intellektuelle, Räuber,
Dichter, Philosophen

Ich wollte schweigen und ich wollte reden
ich wollte singen
und ich wollte tanzen im Taumel
der Sterne zusammengebrochen in der Gosse
ohne Blut
an der Pissrinne unendlich sein

Meine Suche
galt einem
vollkommenenen Menschen
einem ekelhaften Spielverderber
einem Aussenseiter im Triebe der Onanie
ohne das die Maschine davon wusste
doch wo der letzte Funken Liebe noch gehört wird
sollten wir alle hin zum tanzenden
Marrakon verschwinden

Felix Martin Gutermuth

Da draußen

Der letzte Rest Spucke
galt den obersten
zehntausend
ihrer Wenigkeit
ihrem Modewahn,
ihrer Liebe

Ich hörte Dvorak
und war allein

Beanie
Pullover
Schuhe von Adidas

Hatten sie
doch eigentlich versagt
während ich gewann

Irgendwo da draußen

Felix Martin Gutermuth

Pour la nuit de la Motte

Der schwarze Frühling
kam vor dem Herbst
letzten Jahres
und die letzten Idioten
hatten auch schon
aufgegeben

Das Leben ist kein Kampf
das Leben ist sinnlos
wenn man nicht
hin und wieder Kind wird
um dem ganzen Schmutz
zu beseitigen

So bringe
ich auch nur
den Müll raus
und mich gleich mit
in den Papierkorb
zu den anderen
wertvollen Schätzen

Meine Gedichte
ein Leben
Einsamkeit
Zweifel
Delirium
Rotze
für den Planeten
aus Pest
und Schande

Felix Martin Gutermuth

Linda ist lost

Es erreichte mich
ein Brief von Linda
in dem sie mir schrieb
dass sie nicht
mit mir intim werden will...
ich hatte ihr
ein Angebot gemacht

Sie wollte mich
anzeigen
doch meine
Bewährung war herum
und sie weit weg

Als wäre ich ein Zuhälter aus
Tschimbukistan

Liebe Linda
nenn mich doch einfach
Friedrich Vic

Felix Martin Gutermuth

Die Allee nach Klosterfelde

Ich sollte
nicht mehr
an Nora denken

Nora war mein
Alptraum
meine Muse
meine Hochzeit
die Mutter meiner
zukünftigen
Kinder
so gut
wie alles für mich

Manchmal auch
eine Schlampe
ohne meinen
Penis

Doch sollte
sie die Allee
zu mir finden
würde ich
ein erfülltes Leben
führen

Mostly drunking

Lara kam mit dem Taxi
vorgefahren
und wir
schlenderten
in eine Kneipe
in der Weserstraße und redeten
„mostly drunking" übers Ficken

Sie wollte bei
mir schlafen
und meine
Mutter war zuhause

Lara räumte
mein Zimmer auf und wir legten
uns ins Bett
und ich glaubte
sie im Schlaf
zu vögeln

Am nächsten
Morgen fragte
sie mich
„Haben wir gefickt?"
und ich meinte
„Ich denke schon!"

Felix Martin Gutermuth

Abgründiges Verhalten

Suff. Irgendwo da draußen
mit einer Flasche Bier
in der Hand
am Kanal
im Park
in der Gosse
und Speed
und einer Dose Tabak von Aldi
im Rucksack
und Rezensionen
die einen
mit Bukowski
vergleichen
doch das werden
eh alle
heutzutage

Ich hole mir
keinen runter darauf
und dann sitzt man auf einer Bank und der Tag
geht langsam vorüber
doch das Speed bringt
einen nicht zum pennen sondern bringt
die Nacht da draußen heran
und man schnorrt sich Geld für Bier
hier und da findet man jemanden
preist seine
Gedichte an
und dann kotzen
kotzen für den
Frieden
und dann weiter trinken
sich in der Welt finden
als Abschaum
abgefuckt

Punk
oder
Philosoph
oder nun eben
Dichter
auch wenn ich
nie wirklich wusste
was ein Dichter ist

Und dann
ist Stille
im Morgengrauen
einer Kneipe
die noch
offen hat

Felix Martin Gutermuth

Entschwunden

Da war noch ein Käse
und da war noch ein Wein
Nora war verschollen
in einer eisigen Stadt

Felix Martin Gutermuth

Im Leichenschauhaus der Poesie

Meine Gedichte
waren das
Leichenschauhaus
der Poesie

Ich war tot
ich war am Leben
ich hatte alles
und ich hatte
nichts

So ging ich
ich auch nur
fort
durch
die schiefsten
Gassen
um mit
meinem
Spazierstock
den paar Nutten
denen ich einen
verpasste,
zu grüßen

Manchmal
war mein
Zimmer
aufgeräumt
manchmal
durcheinander,
an Wochenenden
besuchte ich
meine Mutter
doch ich war
schon längst
ausgezogen

Sollte
der Teufel
der auch ich einer
war
so
wie mir auch
Hörner gewachsen
sind
mich zu seinem
Ebenbild machen

Ich schiss auf alle

Da hatte noch ich
was zu lachen
und diese Schädel
die sich immer
in die Faust beißen,
doch mein Schädel
hatte keine Glubschaugen
mein Schädel kam
aus Europa
und dem Norden

Ich gegen
die Welt
die Welt gegen
mich
ich war die Welt
und keiner wollte
wissen
wer diesen Käse verzapft hatte
geschweige denn
wer seine Freunde
und Frauen
waren

Im Sturzflug der Möwe
hatte ich alles
hinter mir gelassen
und war nun einsam

In der Einsamkeit
fand ich mich selbst
mit der Welt
diese Welt
wie ich
eine
war

Felix Martin Gutermuth

Rückfällig

Ich war nun
im Haus Turmalin
in Klosterfelde
und eine eigene
Wohnung
war noch nicht
in Sichtweite

Die Kneipe
sollte mich wiederhaben
mit mehr als einem Bier,
denn ich
konnte es
nie bei einem Bier belassen
trank zwölf am Tag

Felix Martin Gutermuth

Auf Tour

der Norden
der Strolche,
eine Schiebermütze
und Weißwein
in Paris.
Meine Tour
katastrophal
einen neuen Kaffee
schon der dritte
morgens
an der Seine
um die Ecke
von Shakespeare&Company
meine Tour
durch Montmartre
und Clichy
die deutschen
nennen
mich einen Franzosen
die Franzosen
einen Dichter
nichts neues

Hysterie

Und keiner
weiß
den Westen
zu retten
Hilflosigkeit
Welten gehen
nicht auf
die komplette
Vernichtung
Avocadosalat

Metro fahren
ein Fick auf
der Straße
scheint
schon obszön,
aber ist nur
verdorben

Der letzte
Drink
in einer Absteige
am Kanal

Die Tour
war erfolgreich
im Untergrund
die Straße tanzt mit
der Pueblo ist leer

Felix Martin Gutermuth

Bar 11

Er hatte mich
im Würgegriff
und ich rammte
ihm meinen
Ellbogen
in den Bauch
er ließ mich los
und ich bestellte
mir ein Bier
am Tresen

carpe noctem

Flügel aus
Messing,
es ist
Nacht
und ich
schreibe
ein Gedicht
wie so
oft
wenn
ich nicht
schlafen kann

Befreie
deinen
Geist,
deine
Seele
und schau
dass du
nicht ganz
so verrückt
wirst

Der Rest
kommt von allein

Wer schweigt
ist meist
allein
auch unter
Freunden

Einsam sein
bedeutet
nicht alleine
sein

Frag
die Frau
an der Kasse
im Supermarkt
frag den Postboten
frag die Versager

das LEBEN
ist die Hölle

Felix Martin Gutermuth

Wird schon...

heute habe
ich ausgeschlafen
endlich mal
wieder
Schlaf
war mir
seit jeher
wichtig
und ich bekam
nie genug
davon
Früher
als ich
noch neben
einer Frau
aufwachte
war es
noch schöner

Auf dem Friedhof
nebenan
ist ein Cafe
ich setze mich
und bestelle mir
einen.

Es ist heiß
und ich denke
daran eine
Blume
für Nora zu
kaufen
falls sie mir
mal wieder
über den Weg
läuft
ich glaube
sie wohnt ganz
in der Nähe
wieder neben
ihr schlafen
die Hand
um ihren
Bauch
und die
Zeit lässt träumen

Der Kaffee
ist leer
und ich
schlendere
zum Park
und die Bank
auf der
ich sonst immer
trank
stand noch sauber

Auch ohne
eine Blume
für Nora
lässt sich
der Tag sehen

Ich bin
ein Trottel
verzweifelt verliebt
einen Dummkopf
nennen sie mich
ich habe
keine Ziele

Und Nora
war bisher
meine Muse
auch wenn
ich nicht mehr
neben
ihr aufwache

Ich glaube
sie hat mich
vergessen
und ich mutiere
zum Idioten
der ihr
hinterher ist
wie ein Bock
ohne Zuflucht

Nora
lass mir
wenigstens
den Schlaf
und alles
wird schon

Felix Martin Gutermuth

Totentanz in Clichy

Ich hatte
einen Flug
nach Paris
gebucht
um in
Clichy
ein paar
Tage
zu verbringen
Tage
des toten
Lebens
Tage
für eine
Kirchenmaus
Tage ohne Scham
Tage für
einen Räuber

Paris. Clichy.

Eine Reise
für meine
Kreativität
eine Reise
mal wieder
nach Frankreich
eine Reise
allein.

Hellrot
meine Hemden
mein Hut
ein Geschenk

Felix Martin Gutermuth

Mainz-Altstadt

als ich in Mainz
wohnte
war ich oft in der
Altstadt
und schlenderte
durch die Gassen
und bummelte
bis zum Rhein
und wieder zurück
und stöberte im Plattenladen
oder ging angetrunken
in einen Hutladen
um mir eine Schiebermütze
zu klauen

Ich verbrachte
oft Tage in der Altstadt
nachdem ich in
der Notunterkunft
aufwachte
und nichts mit
dem Tag anzufangen
wusste
Ich starb dort
tausend Tode
besonders
die kleinen
Gässchen
die Abzweigungen
in die Hinterhöfe
gefielen mir sehr gut
ich setze mich oft
auf die Bank
und kritzelte Gedichte
auf einen Fetzen

Papier
stirb
du einsamer Poet
stirb
den nächsten Tod
bevor sie
dich drankriegen

Felix Martin Gutermuth

Allen voran Nietzsche

Ich hatte große Angst davor
ein Bücherwurm zu werden
ich war verzweifelt
und mein schlimmster Alptraum war es
diese Ruhe im Alptraum zu bewahren.
ich bewahrte sie trotzdem
ich war kein Schriftsteller
ich war Künstler
Philosoph, hatte mich sogar als Clown versucht
doch als Clown war es schwierig
Clown sein ist eine Arbeit
die Anstrengung erfordert
und ich wollte mich nicht anstrengen
ich wollte aufgeben
das Leben schien sinnlos
der Selbstmord, an den
ich hin und wieder dachte
machte mich zwar verrückt
und kreativ
aber verschaffte
mir eine gewisse
innere Ruhe

Allen voran Nietzsche

Für die Katze:
die Liebe, die Hoffnung
der Tod, die Menschheit
ob ich morgen oder heute
sterben würde
es war mir egal
ich hatte alles
erreicht...
Fick, Frauen
mäßigen Erfolg
Freunde
New York
Paris
Mallorca
Californien
mein Bett
meine Unendlichkeit

Allen voran Nietzsche

Untier
Übermensch
Dichter
Brücken
und die verbotene
Fröhlichkeit

Levi´s 501

Als ich aus dem Gefängnis
entlassen wurde
kam ich erst einmal bei meiner
Mutter unter
ich hatte keine Wohnung
und sonst auch Probleme
wegen einer Bewährungsauflage
und wenn ich alleine wohnen würde…
sie hätten mich ruckzuck wieder drin.
Dank meiner Mutter nahm ich die
Medikamente und blieb
so gut wie jeden Tag zuhause
und traf mich höchstens mal
mit Freunden um zu saufen
was ich eigentlich nicht durfte
ich tat es trotzdem
ich hätte die Möglichkeit
in ein Hostel zu ziehen
aber wer einmal die Vorteile
des Elternhauses schnuppert
den kriegt so schnell nichts daraus
ich beschloss da zu bleiben

Eines Tages kam meine
Mutter in mein Zimmer
ich schrieb gerade
und hatte eine alte zerfetzte
Levi´s 501 in den Händen
mit Löchern die sie füllen wollte
endlich mal wieder eine Jeans
dachte ich mir.
nachdem ganzen Kram
den ich mir in Warenhäusern
kaufte
war das mal wieder

auch wenn sie alt war
eine Hose mit der man sich sehen
lassen konnte
noch ein paar Chuks dazu
eine Cap
und ich wäre wieder ganz der alte
Malefitz Ahoi!

Felix Martin Gutermuth

Dichter der Großstadt

Ich ging nicht in die Kirche

Ich war
im Einkaufscenter und kaufte
mir Bier
Speed im Park stieg auf die Dächer
um die Stadt zu Ehren
wenn sie schlief
und der letzte Spätkauf noch auf hatte

Ein Dichter mehr
oder weniger
ich wusste auch nicht
ob es Zweck hatte

Anfang, Ende

Ich setzte auf Sieg

Felix Martin Gutermuth

Probleme

Krieg war das
letzte
worauf
ich mich einlassen
wollte

Ertrinkende Flüchtlinge
Kindersoldaten
alltäglich
die Nachrichten

Krieg war das
letzte
worauf
ich mich einlassen
wollte
und gut geht es
mir damit
bei einem Bier
und einer Zigarette

Terroranschläge
Mord
all das ist mir zu viel

Die letzte Frau
ist weg
geht nicht mehr
ans Telefon

Meine Probleme
ein Fausthieb für Gott

Felix Martin Gutermuth

Silvester

Alleine herumstehen in der Bar
mit Mantel und Hut
ein Jahr mehr geht zu Ende
und du bist 30
und deine letzte Liebe
ist von dannen
weg für immer
in dieser verregneten Nacht
draußen die Kids
mit Böllern und Raketen
hier drinnen
laute Musik
sie tanzen
tanzen ein Jahr mehr in den Abgrund
ein Jahr mehr für die Katze
und ich frage
mich wofür das Koks
aber kaufe mehr
Ein Jahr Therapie vor mir
wegen Alkohol
ich bin ein Dieb
ein Gammler
aber nicht im Moder der
die Kleider auffrisst
sondern ein gebadeter Süffel
meine Schuhe
gesprenkelt von Kotze
vom Schnaps
mein Mantel alt
ich gehe auf Toilette und lege mir noch eine Line
und frage mich wofür das Koks
aber es tut gut
Dichten machen nur Schwuchteln
sagt man
ich bin nicht schwul

frag Nora
auch wenn sie sich nicht mehr meldet
meine einzige Liebe
diese Frau
so fern
dabei waren wir nah
Silvester ohne Nora
mit Freunden
mit Freundinnen
und ich allein während
sie tanzen
tanzen in den Abgrund
frohes Neues

Felix Martin Gutermuth

Business

Trinken
auf der Straße
umgestiegen auf
Bowle,
ich muss kotzen
Magenprobleme
Miami Flavour

Das nächste Gedicht
wartet darauf
in die Tasten getippt zu werden
unvollkommen wie eh und jeh

Werde Malefitz genannt
da meine Cap
schräg auf dem Kopf
sitzt auf Fotos
Fotos gehen herum

Und vielleicht
bin ich ein Malefitz
ein weiterer Boy
aus den Straßen von Berlin

und vielleicht bin
ich im Westen falsch
Hong Kong
ein möglicher Ort
zum leben
lieber aber Paris

ich bin ein einsamer
Gewinner
auf der Gerade zwischen
Schüttelsieb und Tod
Und vielleicht hatte
Bukowski recht
als er sagte
wir brauchen keine Bücher
mehr und das vollkommene Gedicht
wird nie einer schreiben

Und vielleicht
bin ich nicht einmal
Dichter
geschweige denn ein
Schriftsteller
ich denke nur
das ich einer bin

Business ist mein Markenzeichen

Felix Martin Gutermuth

ad acta

die Brücken
von Berlin
Spaziergänge
über Flüsse
und Kanäle
ehemals
Westberlin
Bezaubernd
diese Wege
bezaubernd
diese Momente
in denen
du alleine
schlenderst
und deine
Hoffnungen
ad acta
legst

Joachim Gräber

Absolut geflascht

Kein Thema, ehrlich, sag ich mal,
genau, tatsächlich, absolut
wogt, halt ein Stück weit surreal,
inflationär die Füllselflut.

Natürlich, eben, wissen Sie,
genial, o.k., auf alle Fälle
Symptome sind von Sprachmanie,
als Kleister oder so zur Stelle.

Mit Lockdown Hype der Anglizismen,
der Job im Home Office mal echt
'ne Challenge. Geil die Modernismen!
Wer cool performt, wirkt voll geflasht.

Die Message digital letztendlich
den Followern im Netz verständlich.

Joachim Gräber

Nike von Samothrake

Geflügelt auf den Bug sie niederschwebt,
der Flotte in der Schlacht den Sieg zu bringen;
der Seewind im Gewand beim Aufprall lebt,
Triumph verkündet in des Mantels Schwingen.

Zurückgeweht, presst der Chiton sich an
den Leib, spannt über ihn in scharfen Graten
die Brüste, die Bewegung wandernd dann
zum Kopf; ihn aber muss der Blick entraten.

Wir heut' im Spiegel sehen den Verlust,
da mehr und mehr der Nike leuchtend' Bild
verblasst, es rein, als Ideal, bewusst,
in Kunst und Sport so manchem nicht mehr gilt.

Doch hat, was einst als Göttin war bekannt,
als Branchenmarke weiterhin Bestand.

Joachim Gräber

Entwertung

Es ist in seinem Lauf nicht aufzuhalten,
pflanzt Seuchen gleich sich in der Sprache fort,
dem Satz als Füllsel dienend, jenes Wort,
das reinbrach als Produkt von Mainstreams Walten.

Konnt' in den Medien sich schnell entfalten
kraft Influencer, Quiz-Shows und dem Sport,
um zügig zu erfassen im Akkord
bald alle Leut', die Jungen wie die Alten.

„Tatsächlich" heißt das Irrlicht. Einst gewählt
des Nachdrucks wegen, erst noch moderat
und sinnvoll, dienstbar nicht nur dem Juristen.

Wenn's auch zur Skala des Erstaunens zählt,
es wirkt das Wort derzeit in hohem Grad
inflationär; nur auf den Sprachpuristen?

Joachim Gräber

Der Feldhamster mit der Tarnkappe

Vor keinem Leben machte je er Halt.
Erschien in früh'ren Zeiten er als Schnitter,
apokalyptisch auch als schwarzer Ritter,
hat heute andre Bildkraft die Gestalt.

Wohl spendet Trost noch der Musik Gewalt
beim Requiem „O Tod, wie bist du bitter!"
und mahnt das Drama, wenn in Glanz und Flitter
der Abruf auch dem Jedermann erschallt.

Er selbst, der einst Freund Hain war, keinen Namen
besitzt, doch kündigt an den neuen Feind,
den unsichtbaren, virulent ein Bote.

Die Maske fortan uns diktiert den Rahmen
und auch per Abstand man zu senken meint
des kruden Feldherrn täglich' Trefferquote.

Joachim Gräber

Das Messer an der Kehle

Du hast, Gesang, erfüllt der Menschen Leben
seit Orpheus' Stimme in die Herzen drang
und machtvoll übertönte noch im Klang
Sirenen, Tiere zärtlich ließ erbeben.

Auch heute noch Girlanden Zierrat weben,
am Stoff, wo die Intrige Sieg errang,
wie manches Repertoire, vokal im Schwang,
Gefühle weiß dem Alltag zu entheben.

Indes hält fest ein Virus alle Kehlen
im Griff; vermisst den Raum, verengt das Feld,
nimmt Aerosole zweckgemäß in Haft.

Wann endlich atmen Freiheit unsre Seelen?
Noch hat von allen Übeln auf der Welt
der unsichtbare Feind fatale Kraft.

Ingrid Baumgart-Fütterer

Kater Tom, der Biker

Tom ist unter die Biker gegangen,
die Leidenschaft hatte angefangen
vor sechs Monaten auf einem Spielplatz,
dort machte er aufgeschreckt einen Satz,
wich aus dem Krad der Marke Yamaha,
dessen Auspuff Feuer spie, wie jeder sah.

Ferngesteuert diese Yamaha war,
Miniaturmodell, Marke Wild Star
eins der schönsten Feuerstühle der Welt,
das alle andren in den Schatten stellt,
die Herzen der Biker hochschlagen lässt -
so fühlen sie sich angenehm gestresst.

Tom wurde solch ein Feuerstuhl geschenkt,
im Nu hatte er ihn sicher gelenkt
düst seither auf dem Krad durch Wald und Feld,
wird am Wegesrand gefeiert als Held,
dem applaudiert und zugejubelt wird,
wann immer er an ihnen vorbeischwirrt.

Adrenalin überschwemmt Toms Gehirn,
beim Rasen bietet er Schwerkraft die Stirn
er auf der Maschine durch die Luft fliegt,
in Windeseile um die Ecke biegt,
erneut wie eine Rakete abhebt -
Tom beim Höllentrip Freude pur erlebt.

Ingrid Baumgart-Fütterer

Ermahnende Worte an Biker Kater Tom

„Kater Tom, lass deinen Verstand walten,
du solltest einen Gang zurückschalten
wann immer du auf dem Feuerstuhl sitzt,
im Höllentempo durch die Gegend flitzt."

„Waghalsiges Verhalten tut nicht gut,
denn selten tut gut solch ein Übermut.
bei einem Unfall solltest du bedenken,
dass du dir den Hals könntest ausrenken."

„Steig um vom Krad auf den Esel aus Draht,
auf diesem kommst du auch mächtig in Fahrt
und trainierst deine Muskeln nebenbei,
zudem ist kostengünstiger diese Fahrerei!"

Ingrid Baumgart-Fütterer

Exotische Erscheinung

Kater Malz trägt gern Pluderhosen
aus Seide, bedruckt mit Rosen,
und auf dem Kopf einen Federhut,
der steht ihm ausgesprochen gut.

So exotisch präsentiert er sich
mit breiter Brust und selbstherrlich,
Bewunderung wird ihm da zuteil,
darin sonnt er sich gern derweil.

Ingrid Baumgart-Fütterer

Zu Wasser und zu Lande

Bei Reisen zu Wasser und zu Lande
vergnügt sich die Katzen – Rasselbande –
die um den Globus gereisten Tiere
waren zumeist blinde Passagiere.

Sie kennen fremde Länder ohne Zahl,
parlieren polyglott ganz genial,
sind überall auf der Erde zu Haus
und vertilgten manch exotische Maus.

Ingrid Baumgart-Fütterer

Aus der Reihe tanzen

Kater tanzen Polonaise,
erleiden dabei Malaisen
einer sich den Knöchel verstaucht,
ein andrer den Gipsverband braucht,
weil die Pfote gebrochen ist –
im Tumult sich mancher vergisst,
boxt sich durch, die Fäuste fliegen,
alle sich in die Haare kriegen –
letztlich ist das Chaos perfekt,
fast jeder seine Wunden leckt.

Ingrid Baumgart-Fütterer

Der Dominante

Mit seiner Wildwest-Mentalität
Kater Ron Groll und Unfrieden sät,
er klaut anderen frech Maus für Maus,
kehrt gern bei Katzen den Macho raus.

Ron hat stets überall das Sagen,
ist herrisch, duldet keine Fragen
er frisst anderen die Näpfe leer,
aus Angst setzt sich ihm keiner zur Wehr.

Ingrid Baumgart-Fütterer

Der Ordnungshüter

Trotz seiner List und Cleverness
pocht Kater Tomba auf Fairness,
respektiert die Jagdreviere
der Katzen und andrer Tiere,
führt Regeln ein, wo keine sind –
im Revier „weht ein frischer Wind",

die neue Regel, die er anpeilt:
    – Die Beute wird fair aufgeteilt –

Ingrid Baumgart-Fütterer

Der Fußballspieler

Ein Fußballspieler
ist Kater Frieder,
sein Tor ist ein Loch,
aus dem 'ne Maus kroch.

Den Ball er gut lenkt,
ihn ins Tor versenkt –
Frieder ist ein Star,
das ist sonnenklar!

Ingrid Baumgart-Fütterer

Alte Liebe, frisch belebt

„Alte Liebe rostet nicht"
Kater Max zeigt Zuversicht,
als er Katze Bea trifft
in einem Seniorenstift.

Alte Leidenschaft flammt auf
Erinnerungen gibt's zuhauf,
Max zieht ins Seniorenstift,
wo er sie jetzt täglich trifft.

Ingrid Baumgart-Fütterer

„Heilgebet" der Maus

Benommen die Maus taumelt,
gleich darauf sie leblos baumelt
im Mäulchen vom Kater Max,
Mausis Genick hat einen Knacks.

Ihr bleibt nur ne kurze Frist
sie mehr tot als lebendig ist,
sorgt sich um ihr Seelenheil
betet zu Gott ne ganze Weil.

Ingrid Baumgart-Fütterer

Her mit dem Diebesgut!

Kater Ron schimpft, was das Zeug hält,
er sich Kater Max in den Weg stellt,
pflanzt sich vor ihm auf wie ein Recke
und macht den Ärmsten zur Schnecke.

Max hat Ron seine Maus geklaut,
darüber ist dieser nicht erbaut
fordert die Herausgabe der Maus,
vor Angst würgt Max die Maus heraus.

Ingrid Baumgart-Fütterer

Hula-Hoop-Tanz

Mit einem Hula-Hoop-Reifen,
gebändert mit goldenen Streifen
tanzen am Abend Katze Bea,
Katze Mo und Katze Lea.

Die Geschichte ist keine Mär,
der Katzen Hüftschwung ist legendär,
verzückt schauen ihnen sogar zu
die Mäuse Maxi und Filou.

Ingrid Baumgart-Fütterer

Vertrauensvolle Begegnung

In Reih und Glied paddeln im Teich
sechs Entenküken, flauschig, weich,
als sie das Ufer erreichen
die Küken scheu zurückweichen
vor dem Kater am Uferrand,
der vor sich hindöst im warmen Sand.

Der Kater lacht, winkt ihnen zu
„keine Angst, ich lass euch in Ruh!"
er mit warmer Stimme verspricht,
offen und ehrlich wirkt sein Gesicht,
die Küken glauben ihm aufs Wort,
laufen seitdem vor ihm nicht mehr fort.

Ingrid Baumgart-Fütterer

Einfühlsamer Esoteriker

Kater Max wahrlich esoterisch tickt,
mit seinem inneren Auge er blickt
tief in die Herzen der Katzenfrauen,
zeigt Verständnis, erwirbt ihr Vertrauen.

Die Herzen der Katzen fliegen ihm zu
dies genießt er in aller Seelenruh,
ihrer Liebe ist er nicht abgeneigt,
sein Begehren er liebend gerne zeigt.

Ingrid Baumgart-Fütterer

Ein Bild des Elends

Kater Rons Fell ist verfilzt,
Die schrundige Haut ist „verpilzt"
zum Teil eitert sie und nässt –
was den Kater zusätzlich stresst
sind Milben, Flöhe, Zecken,
die das Blut der Wunden lecken
und sich ins Fleisch festbeißen,
winzige Stücke rausreißen,
auch Fliegen Hunger haben
sie sich am Wundsekret laben –
angefressen Ron sich fühlt,
eine Made Wunden wühlt,
sein Fleisch verfault Stück für Stück
angewidert schreckt man zurück,
keine Hilfe weit und breit,
welch ein unermessliches Leid!

Ingrid Baumgart-Fütterer

Altersmilde

Die besten Jahre hat er hinter sich,
trotzdem wirkt Kater Floh recht fröhlich,
genießt die Tage, so wie sie kommen,
fühlt sich auch nicht allzu beklommen
angesichts des Alters, das näher rückt
– des Katers Haltung ist schon leicht gebückt –

Floh ist dankbar für das, was er noch kann,
er fängt Mäuse, wenn auch nur dann und wann.
Dem Kämpfen hat er längst abgeschworen,
hat gänzlich die Lust dazu verloren,
aber schmusen tut er nach wie vor gern
mit Katze Bea, seinem Augenstern.

Ingrid Baumgart-Fütterer

Verwöhnter Burg – Mäusejäger

Auf der Burg Kater Oscar residiert
die Aussicht von dort ihn fasziniert,
ein beschauliches Leben Oscar führt,
Ausgeglichenheit man bei ihm spürt.

Vom Burgfräulein er sich verwöhnen lässt,
dank der Fürsorge ist er nie gestresst,
hat immer ein Lächeln auf den Lippen,
ein dankbares Herz unter den Rippen.

Drum macht Oscar Mäusen gern den Garaus,
tötet sie oder scheucht sie hinaus,
weg vom Gemäuer der Burg Richtung Wald,
obwohl er inzwischen ist steinalt.

Zoë Mae Generoso

Stichomythie eines Kindes

Jahrelang hab` ich es versucht,
zur Liebe dir, und mir zum
Fluch.

Jahrelang war ich still, auch
wenn es in mir laut
war, laut, wie des Löwen Gebrüll.

Es tut mir leid, hast ja
recht, vielleicht bin ich
wirklich, so so schlecht.

Vielleicht auch nicht,
wer weiß das schon
sitzt nur da
sagst keinen Ton.

Doch, ich hab es jahrelang
so sehr versucht, ich
kann's nicht mehr,
du tust mir nicht gut.

Brauchst auch gar nichts sagen,
probiert hast du es nicht,
stattdessen lügst du ihr noch
dreckig ins Gesicht.

Ich muss mich scheiden,
ein Ende dem Leiden.

Ohne Gericht, muss mich
von dir trenn', es geht
nicht mehr, meine Augen
brenn'!

Muss schauen, dass es
auch mir gut geht,
fühlte sich nie so an,
als würde es dich interessieren,
wie's um mich steht.

Weg von dir!
- Das wollte ich schon lange,
konnt' ich nie, dacht' dir wird
dann bange.

Doch,
DAS weiß ich jetzt besser,
brauchst mich ja nicht, schlägst
mir lächelnd ins Gesicht.

Wie konnt' ich nur glauben
DIR wichtig zu sein,
denn jetzt stehe ich hier,
bin ganz allein.

Du bist nicht da, nichts
was mich hält, dachte
es wäre anders, dachte
du bist da, wenn eine
Träne nach der anderen
fällt.

Wieso hast du dich
gegen mich entschieden, bist
du denn jetzt zufrieden?

Ich brauch' dich nicht,
jetzt nicht mehr, wieso
sollte ich kommen, lässt
mich hinfort treiben, im
offenen Meer.

Du wolltest es so,
ohne mich, hoffe
dir geht's gut, da
wo du bist.

Mutter und Tochter,
getrennt durch dich ich
hoffe eines Tages sieht
auch sie, dein wahres
Gesicht.

Es wäre okay, wenn sie
okay wäre, doch wäre
das so, wäre ich froh.
Doch das bin ich nicht -
Na los, zeig' ihr
dein wahres Ich!

Nichts ist geblieben, von
dem was war, habe dich
gemieden, doch bin ich
nicht zufrieden.

Nichts, was uns verbindet,
nichts, was uns vereint so
soll es bleiben, ich bin die
die stets alles verneint.

Ich hab's versucht, doch jetzt
ist es zu spät, such' dir jemand
andres der deine Lasten für
dich trägt.

Klaus J. Rothbarth

Schadstoff-Triologie

Ein Langpoem

Teil 1

Kunst und Meer

Ein Künstler sammelt
Plastikmüll und gestaltet
Mit den Dingen
Raumfüllende, sinnanregende
  Goethe -

Farbkreise: Transformation.
Ein Kunstgenuss für das Auge
Und er ernährt die Seele.
Eine schaurig-schöne
  Müll -

Grafik im Raum: Recycling.
Chemiker kreieren Kunststoffe
Aus Polyethylen, Polyester, Polyamid,
Polyacrylsäure, Polypropylen und
  Polymethacrylat,

Die chemisch verbinden die böse Saat.
Meeresforscher irritiert entdecken
Dieses kreative Wirken
Des menschlichen Hirns wieder in
  Meerestieren.

Und „rerum cognoscere causas".
Und zeigen entsetzt auf *FÜNF*
GIGANTISCHE PLASTIK – MÜLL – WIRBEL,
Kreisend in den Ozeanen der
  Welt,

Angetrieben von Strömungen,
Die die schwimmenden
Kunststoff-Abfallhalden
Chaotisch führen rund um die
    Weltkugel.

Zur tödlichen Gefahr werdend
Für Tier und Mensch.
So treibt ein buntes Plastik-Farbfeld
Aus 29.000 gelben enten,
    grünen Fröschen,

Blauen Schildkröten, rosa Katzen
Und roten Bibern
Seit einem Tsunami
Umher im Pazifik.
    Container

Gebären das „made in china"-Getier.
Meerestiere halten sie
Für Nahrung, verstopfen damit
Ihre Verdauungsorgane und
    verenden

Erbärmlich. Delfine,
Schildkröten, Wale, Fische
Und andere lebende Eesen im Meer
Sterben, treiben, sinken
    Ins Tief.

 Und 61.000 Nike-Turnschuhe
Tanzen auf indischen Ozeanwellen,
Landen an Stränden.
Ein Internetevent: Wer hat den
    linken,

Wer den rechten?
Der Größe 40, Farbe rot?
Doch der meiste Müll
Vom Festland kommt.
    Touristen

Lassen Tüten, Flaschen und
Verpackungen liegen am Strand.
Menschen aus den Siedlungen
Entsorgen an den Küsten Abfall
    illegal

Und Wellen spülen dann
Die abgeworfene Konsumlast ins meer
Und aus Büschen und von Äckern
Im Landesinnern auch
    schwemmt

Regen „Plaste und Elaste"
In Bäche, Flüsse und in Seen,
Die es in die Meere tragen.
Die Gewalt der Elemente
    zerlegt

Die Plastikdinge in kleinste Teilchen.
Albatrosse füttern ihre Küken
Liebevoll damit zu Tode.
Miesmuscheln füllen ihre Schalen
    kunststoffvoll.

Mikro-Lebensarten reisen
Wie auf Plastikbooten
Als blinde Passagiere
Von Küste zu Küste und verändern
    Ökosysteme.

Und auf die Weltmeerböden
Sinkt der wertlose Zivilisationsrest,
Wo er verbirgt sich dort unten
In der Tiefe als ein unlösbares
    Müllproblem.

Keine nationale Regierung
Sich dafür verantwortlich fühlt.
Auch keine internationale Institution,
Die den Dreh der Wirbel
    stoppt,

Der einst auch mit einem Teller begann.
In den 50igern in Berlin
Steht ein kleiner Junge in einer
Ausstellung der Industrie und
        staunt,

Wie eine blinkende Maschine
Rotes, grünes, blaues und gelbes Pulver
Schluckt, es zerwirbelt und mit Hitze
Glänzend bunte Teller
        zaubert,

Davon er einen klauen kann,
Den er schützend stolz
Nachhause trägt:
„Sieh nur, liebe Mama, dieses
        Wunder!"

„Ein kleiner Löffel Pulver -
Ein großer Schritt, der
Die neue Zeit verändern wird",
Hat der Mann an der Maschine
Gesagt. Was meinte er
        damit?"

Besen, Besen! seis gewesen!
Wo nur ist der Meister heute,
Der die Geister wieder zähmt,
Die sein Zauberlehrling rief
In dem Gedicht von
        Goethe?

Teil 2

heavens door

„That long cold black cloud
Is coming down.
I`m feelin` like
I`m knocking on heaven`s door":
Bob Dylan singt vom Drogenwahn und,

Seit der Mensch in eins-neun-fünf-sieben,
Vom „Sputnik"-Wahn getrieben,
Mit „Hammer und Sichel"- und „Sternen"-banner
Anklopfte an die Tür
Über dem blauen Planeten

Senkt sich auch
Auf der Erde Haupt
Ein langer schwarzer Schatten
Von unzähligen Trümmerstücken
Künstlicher Himmelskörper, die

Riesigen Schrott-Wolken gleich im Orbit
Um die Erde kreisen,
Geboren durch Explosionen
Und aus Zusammenstößen
Von Satelliten im erdnahen Raum.

„Weißt du wieviel Sternlein stehen
An dem blauen Himmelszelt? …
Gott der Herr hat sie gezählet …",
Klingt ein unschuldig` Lied
Aus meinen fernen Kindertagen.

Mit jedem Fragment am Firnament
Wächst die „Sternenschar".
Die Raumfahrtagentur „esa"
Macht Stichproben und schätzt
Nach den 5.000 Raketenstarts ins All:

80

29.000 objekte >= 10 Zentimeter,
670.000 bruchstücke 1<= 10 Zentimeter,
170 Millionen Partikel im Millimeterbereich.
Harmlose Winzlinge?, denkt man.
Doch die globale Kommunikation,

Von Satelliten gelenkt,
Ist durch diesen Müll gefährdet.
David schleudert sich
Mit 25.000 Kilometer pro Stunde
Auf Goliath und tötet ihn.

Millionenfache knockings
Durchschlagen schon heaven`s door
Und bedrohen Gottes Reich.
Des Menschen Reich auf der Erde
Ist schon lange kaputt.

Im Anthropozän
Hat der Mensch
Tiefgreifend die Erde verändert.
Auf dem Land, im Meer, in der Luft
Kämpft die Natur

Mit Müll, Schrott und Chemie.
Gott segne die müllabfuhr.
Jetzt also auch im Orbit.
Höchste Zeit, warnen Experten,
Etwas zu tun: einfangen, entsorgen.

Eine kosmische Müllabfuhr
Muss her und eine Putzaktion starten.
Friedhofsbahnen für Gestorbene
Satelliten werden erdacht.
Wer spricht den Segen?

Ich esse einen roten Apfel,
Sehe eine Biene und ihr emsiges Tun,
Ohne die der Apfel nicht wär`.
I`m feelin` like
I`m knocking on heaven`s door.

Ich sitze beim Frisör,
Höre im Radio so nebenbei
Diesen Song meiner Jugend.
Er hat jetzt einen so ganz anderen
Sound für den Alltag und die Zukunft.

Teil 3

Rote Lippen soll man ...

„I was born
With a plastik-spoon
In my mouth",
Sang die rockband „The Who"
In den 60igern.

Nicht an dem Plastik-Ding rieb sich ihr
Sozialkritischer sogenanntes Plastik als „Substitute"
Für alles trat seinen Siegeszug an.
Sie veränderten nur zynisch die Redensart:
„To be born with a silver spoon in one`s mouth".

Cliff Richard besang 1963
Mit einem Schlager „Die roten Lippen
Eines schönen Fräuleins" und sah sich
Dem „siebten Himmel ja so nah" -
„Rote Lippen soll man küssen ..."

Wie gefährlich nah und leicht er dem „Himmel",
Dem „Paradies", dem „Nirwana" oder
Der „geistigen Welt" oder ... mit dem
Küssen heute kommen würde, hat erstmals
die „Greenpeace-Organisation" untersucht.

In ihrem „Report zum Abschminken - Plastik
In Kosmetik" schreiben die Tester: „in flüssiger,
Halbfester oder löslicher form ist Mikroplastik

In Lippenstiften, Augen-Make-up, puder u.a.
Kosmetika bis zu *90 Prozent* enthalten.

„SCHÖN MIT PLASTIK?"
Ausgerechnet die sensiblen
Körperteile wie Lippen kommen
Somit mit Plastikstoffen in Berührung?
Beunruhigend, denke ich.

So gelangen chemische Verbindungen
Wie Polyethylen, Polymethyl, Methylacrylat,
Nylon-12 u.a. in hoher Dosierung
In Kosmetikprodukte. Sie überwinden
In Form von Mikro- und den noch …

Kleineren Nanopartikeln
Auch hochselektive Barrieren
Wie die Blut-Hirn-Schranke
Und Plazenta … sehr gefährlich
Lebte also der Schlagersänger mit seinen
„Küssen Tag und Nacht".

Durch Mikroplastik
Sind Gesundheitsschäden
Nicht belegbar und unwahrscheinlich.
Sind ein geringes Problem
Und spielen eine untergeordnete Rolle.

So hartnäckig leugnen die Hersteller,
Verbände und Ämter die ungeschminkte
Wahrheit und täuschen die Verbraucher,
Halten aber mehr Forschung
Vielleicht für notwendig.

Der rote Mund einer schönen
Hatte auch den Dichter und Sänger
Francois Villion 1456 verliebt
Zu einer Ballade inspiriert :
„Ich bin so wild nach deinem Erbeermund".

Auch wie Villion schrie sich 1975
Der Schauspieler Klaus Kinski
In der Deutschlandhalle in Berlin
„Die Lungen wund", rezitierend
„Den roten Mund und weißen Leib
Eines Weibes" aus Villion`s „Lästerzungen".

Villion`s „schönes Spiel" damals
„Im tiefen Erdbeertal im schwarzen Haar"
War da noch „rein" und ohne
Chemie und Plastik,
Nur erdbeersüß im Liebesnest.

 Der sexuelle Gulliver Kinski,
Zwischen dessen Beinen hunderte
„Weiblein" platz gefunden hatten, lebte
Da wohl weit gefährlicher
Bei seinem „blühenden Liebes-Zeitvertreib".

Ich schlage das große kostbare und signierte
„SUMO"-buch von Helmut Newton auf,
Dem meister der erotischen Kunstfotografie,
Und sehe seine Fotos und die anderer
Fotokünstler nun mit ganz anderen Augen an:

Botox-aufgespritzte extrem große rote Lippen,
Sinnlich geöffnet, zum Küssen bereit.
Glänzende farblich geschminkte Augen
Mit langen angeklebten Wimpern
Lächeln mich verführerisch an.

Make-up und Puder verdecken
Jeden störenden Makel in Gesichtern,
Zeichnen zarte Farben auf die Haut.
Spritzen mit Hyaluronsäure
Bekämpfen jede Falte.

Schwarz-, blond-, rot-, brünett-,
Sogar grün- und blau-gefärbte Haare,
Geformt und gestylt mit Haarspray,
Umrahmen die schönen Gesichter.
Perfekte strahlende plastikgetränkte Masken.

Busen, prall gefüllt mit Silikon,
Der Schwerkraft enthoben.
Pobacken, geformt durch Plastik,
Biologisch schwer abbaubar.
Designelemente einer „wahnsinnig
Schönen Schönheitschirurgie".

Handcreme-gepflegte Hände
Mit bunten Lackmustern auf den Fingern
Zupfen sinnlich verführerisch an sexy
Lingerie-set-dessous, tankas, skinny-bodysvits
Und transparenten Nachthemden.

Die träumerisch entrückt blickenden
Models präsentieren ihre nackten Körper
Mit roten high heels an den füßen,
Perfekt gepflegt und massiert mit allen
Körperpflegemitteln der Kosmetikindustrie:

Gels, Shampos, Cremes und Deodorants,
Deren Füllstoffe und flüssige
Rückstände der Siloxane
Sich im Wasser der Meere und Flüsse
Im Gewebe von Fischen anreichern.

Ich meine die chemisch-künstlichen Düfte
Der Parfüme in meiner Nase zu riechen,
Mit denen sich die schönen umhüllt haben
Und finde die blauen Tattoo-Schmetterlinge,
Roten Rosen und bunten Ornamente

Auf der solarium-gebräunten Haut
Ihrer curve-geformten Körper
Sogar kreativ und attraktiv ---
Doch dringt die Farbe der Tattoos
In ihre Blutbahnen und …

Der bedeutendste Künstler des 20. Jahrhunderts.
Joseph Beuys „erweiterte" den Kunstbegriff
Und kreierte 1968 mit einer kunstlosen
Holzkiste ein Multiple, dass er
Zur „Intuitions-Kiste" ernannte.

Mit dieser einfachen genialen
Künstlerischen Lösung machte er
Einen Symbol-Ort sichtbar für das durch
Intuition „erweiterte" Bewusstsein.
Könnte Intuition nicht auch helfen,

Ein „erweitertes" Körper-Bewusstsein
Zu entwickeln? Zur Heilung des Körpers,
Zum Schutz der Umwelt?
„SCHÖN OHNE PLASTIK?"
Greenpeace sei dank!

Anja Bähr

Es ist Zeit

Es tut mir leid
Ich sehe hin
Die Seele schreit
Beim Neubeginn

Ich wollt' das Alte
Immer tauschen
Das Leben zahlte
Will nicht lauschen

Wenn wir mitteilen
Das Anliegen
Zu viele Zeilen
Sind geschrieben

Immer gedacht
An das Verändern
Wurde entfacht
An schmalen Rändern

Eigendynamik
Wird geboren
Gespräche zig
Jetzt ausgegoren

Muss tun
Was schon zu oft gesprochen
Kann nicht mehr ruh'n
Was all die Wochen

Gegoren unter
Traurig Feuer
Schluck es nun runter
Wiederkäuer

Es ist nun Zeit
Wenn auch mit Trauer
Wir gingen weit
Schaut man genauer

So sind's die Wunden
Welche brennen
Die jetzt gesunden
Nach Erkennen

Dass Leben auch
Verwandlung heißt
Spür jetzt den Hauch
Er für dich reißt

Ein Guckloch
In des Zukunfts Raum
Ganz klein noch
Zarter Wachstumsflaum

Doch durchaus da
Es existiert
Was immer war
Schon bald brilliert

Dein eignes Licht
Ist hier am Blühen
Steigt Schicht für Schicht
Lässt all die Mühen

Wohl schleichend
Aber stetig doch
Schmerz weichend
Immer weiter hoch

Dann hinter sich
Und unbedingt
Geheilt noch nicht
Doch Zukunft singt

Die Melodie
Der Seligkeit
Vergesse nie
Du hast Geleit

Musst nicht
Den Weg alleine geh'n
Ganz dicht
Wird ER zur Seite stehen

Jens Gottschall

Ein milder Winter

Wir hatten keinen Frost,
wir hatten keinen Schnee,
wir brauchten keinen dicken Schal
und keinen heißen Tee.

Schade war's - kein Flöckchen tanzte,
kein Schneemann lachte - ach oh Schreck,
kaum war das Bäumchen überzuckert,
war auch schon alles wieder weg.

Die Vögel schon viel früher sangen
als im vergangenen Jahr,
der Frühling zeigte sich schon bald,
doch das war auch ganz wunderbar.

Marko Ferst

Dünne Landzunge

Gespannt
über die ganze Meeresbucht
eine Lichtbrücke
heller Spiegelmond
von Hel nach Sopot
urplötzlich erlischt sie
Wolkenbänder
künden von
Regenzeichen

Auf läuft
weißer Küstenschaum
himmelwärts züngelt
Kiefernschwarz
windgeschützt
am alten Bunker
Feuerscheite
umringt von jungen Leuten
Nachtzüge poltern
wie Geister
ans Landsende

Ein dünnes Nadelöhr
liefert Surfer und Schwimmer
Motorflieger verknattern
den Himmel
Starten und Landen
auf kurzer Piste
Campingwagen
dicht an dicht
fast wie gestapelt
Soldaten
militärische Relikte
tanzende Bäume
Umtrunk beim Sturm

Einst Inseln
Dünenzüge
anlandender Sand
im Schliff
von Meer und Wind
Durchbrüche sind datiert
34 Kilometer Landsteg
mit verdicktem Ende
untergegangenes Wiesenland

Ein roter Lichtturm
bietet Rundumblick
Kegelrobben
aus der Zuchtstation
im slovinzischen Nationalpark
ausgewildert
Köpfe tauchen
aus den Wellenlinien
immer mal wieder
ziehen Fischernetze
falschen Fang

Marko Ferst

Stille durch Corona
kaum Flugzeuge am Himmel
klimaneutral fast

Marko Ferst

Kleinstadt im Erzgebirge

Lang anhaltend schon
drischt aufs Pflaster Regen
bergauf der Dönerladen
gerät zur Zufluchtsstätte
für Unbeschirmte
der Absatz floriert
örtliche Bekannte
plauschen über Alltägliches
schwarze T-Shirts künden
von rechten Landnahmen
einschlägig und divisionenstark
rot-weiße Farbstriemen

Der türkische Dönermann
in demütiger Körpersprache
zu spüren die Angst, die lastet
hinter seinem Gesicht
gebe mich unauffällig
nehme souverän mir Raum
sie können nicht wissen
wer sie gerade beobachtet
und wissen will
wie Nazis so unterwegs sind

Voll sind die Netze
reiche Fanggründe
im Menschenmeer
für AfD-Propagandisten
vielleicht würden
ein paar Bombennächte
im Luftschutzkeller helfen
kriegsverherrlichende Süchte
zu erschüttern?

„Wo die Erzgebirgskrieger kommen
herrscht der Tod"*
dekretiert ihr Provokation
auf das euch die Knie
nicht anfangen zu zittern
wenn der Endsieg
mal wieder in die Hose geht

Erzgebirgische Souvenirs
käuflich für jedermann
im Internet bei „Druck 18"

Guten Morgen
im Staat der Schläfrigen!

* T-Shirt-Aufschrift

Marko Ferst

Unverortet

Gewiß, ein stilles Gefängnis
die Tage gehen unter
im Stadium des Anderen
eine letzte Balance
mit stark verzerrten Regeln
Wünsche und Küsse
verstellte Horizonte
Landmarken längst entschwunden
die Brandbögen der Schübe
zersetzen jede klare Logik
warten auf die Rückkehr
die Ruhe im Körper, Vernunft
irgendwann wird Meer sein
gibt es noch etwas zu halten?

Marko Ferst

Helle Mondnacht:
60. Breitengrad

Gemauerter Balkon
über Ahorn- und Birkenschirmen
jetzt sichtbar
ganz voll, der Mond
zwischen zwei weißen Ziegeltürmen
behauste Quartiere
Drähte von Dach zu Dach
die ihn umgarnen
unter Blätterwogen
tief unten
der Pfad behellt

Hier duftet der Flieder
noch am Julianfang
Kronenspitzen, Blätter
Schattenspiele
an Zimmerwänden
Hände auf Haut
Küsse hinter Gardinen
einzelne Fenster halten vor
das Licht
bis die Nacht
erste Morgenstreifen empfängt

Sankt Petersburg, Juli 2017

Marko Ferst

Leerstelle

Schreibt
keine Wortakrobatik
für Literaturkritiker
entfernt euch
von eifrig
signierten Niemandsstätten
eher diverse Zugänge
für waches Publikum
hermetische Sentenzen
bilden nicht die Norm
Präsidenten erhalten
keine Ehrentribüne
der tägliche Widersinn
will eingefaßt sein
offener Ausgang
ist anzunehmen

Zeigt sichtbar
ob noch Flaggen wehen
besteht auf Vernunft
hinter den Symbolen
bejubelt mir nicht
die morschen Stationen
einer neuen Version
der Vergangenheit
zügellosem Gezeter
endlich ein Ende bereiten
lernt die Schnittmuster
ironischer Anstriche

Marko Ferst

Australische Feuer

Die Dürre
geht ins vierte Jahr
Ballett der Fischbäuche
immer wieder rationiertes Wasser
grüne Rinnsale, giftige Algen
in leeren Flußbetten
von Oberläufen
wird noch immer
Baumwolle exportiert
Kapseln der Korruption

In braunen Staub
verwandeln Felder sich
dunkel die Stimmen
kein Halm Weizen mehr
die Schafzahlen sinken rapide
nach immer mehr Bauern
greift eine schwarze Klaue
der Bankrott summt
still in den Küchen
als diabolische Zumutung
galt oft genug
wenigstens vorzusorgen

Ein Rekordjahr
mitunter wie Schnellzüge
rasen die Flammen
über Wald, Busch und Häuser hinweg
Rauch von kontinentalen Ausmaßen
Meereswellen als Fluchtort
Canberras rotes Gestirn
am orangen Himmel
die Brandglut verschlingt
Känguruh und Koala
Schleppe von einer Milliarde Tieren

96

schwarzgeräumt ein Areal
größer als das ostdeutsche Land
Alpträume aus Kadaver
höchste Stände für
Thermometersäulen
Tankstellen explodierten

Australien verschifft
den Untergang
aus seinen Kohleminen
Zündstoff für neue Megabrände
bisher steigen rasant
Mengen und Gewinne
Premierminister Morrison
sonnte sich auf Hawaii
laboriert üblicherweise
am Klimasuizid
Feuerwehrleute sollten
unbezahlt bleiben
niemand will ihm die Hand geben
ausgepfiffen braust er ab
doch Hohepriester von Lügenliedern
verstummen nur selten
für neue Abbauherde
liefert Siemens
die Zugsignaltechnik

Hagelbälle oder Sintflutregen
Petrus krönender Spott zuletzt
homosapisches Treiben
gelistet als unangepaßt
Fische aus Flüssen
in Bassins gerettet
Tierstationen ausgebaut
Brandwunden, Blasen behandelt
Heilkuren für Wombats
gegen den Hunger Mohrrüben
abgeworfen auf verbrannte Öde
Gerippezeiten

Wellblech und zerbröselte Steine
flüstern vom Vorspiel
die Schachzüge
der nächsten Dürren
sind eröffnet
längst überboten eins Komma fünf Grad
der Schlund der Wüste
rückt immer näher
versteckt vom feurigen Austrieb
des Eukalyptus

Wie ein Geflecht aus Rätseln
die Grabenbrüche im Anthropozän
lauert das Outback auf neuen Pfaden

In der Brandsaison 2019/2020 in Australien entstand mehr Kohlendioxid,
als Deutschland in einem gesamten Jahr emittiert.

Marko Ferst

Minieiszapfen
nur an Spinnweben hängend
die Lampe leuchtet

Marko Ferst

Beute

Sie kannten die stille Botschaft
der Handel florierte blendend
was gab es schon groß auszurichten?
die Mammutherden sind Geschichte
auf den Marktplätzen wird Größenwahn
als Meterware verramscht
worauf kommt es nun noch an?
der nächste Reichskanzler
wird eine andere Uniform tragen
die Beute war vorher schon verteilt
der Sensenmann gelangt
zu neuen Konjunkturen
dagegen ist kein Glücksklee gewachsen
so blieb alles bei seinem Gang

Marko Ferst

Steinzeiten

Ein ganzer Reisebus
mußte von der Route abzweigen
hin- und herlaufen
auf kürzester Distanz
abnorme Bewegungen
niemals sehnt man sich so
nach einer Spritze

Trügerisch die zwei Monate
ohne Beschwerden zuvor
den Urlaubsbeginn
paßte er punktgenau ab
wundersame Zäpfchen halfen
nächste Tage durchzustehen

Das kleine Sieb
fing nichts auf
die Analyse blieb offen
nach einer Bergwanderung
währte die beschwerdefreie Phase
über zwanzig Jahre

Als es aus dem Nichts
wieder anfing nachts
seitlich in Nierenhöhe
das Pochen und die Pein
ahnte man gleich
was die Stunde anzeigte

Im Körper
der eingefädelte Schlauch
forderte schnelle Wege
zum gewissen Ort
möglichst außer Blick nehmen
den blutigen Sud
in der Narkosezeit
entging das harte Nierengewächs
den Fängen des Operateurs

So bleibt die Aussicht
nicht so schnell
besser nie mehr
möge Nachwuchs
von sich reden machen
man selbst
auf Klinikfluren irren
kolikgeplagt

Marko Ferst

Heißer Tag

Schnee im August
bizarres Flockentreiben
aus Erlenhöhen
Ferienkinder
hoffen auf Münzobolus
als Wärter von Schleusen
flatternde Stäbe aus Tiefblau
flügelschlagend unterwegs vielerorts
selbst das Versteck des Postboots
läßt sich aufspüren
Fließe um Fließe
ohne Karte ein Irrgehen
eine hellbraune Bisamratte
schwimmt ins Uferschilf

Wie kann hier ein Schuß fallen?
die Irritation klärt sich
als der Stamm knackt
zu Boden bricht
womöglich gaukelt
diese eine Diestelart
die Frostlage vor,
versendet ihre Samenfracht
über Kronen hinweg
Paddelschläge
in der Abendwärme
saugen Stechrüssel
ihren Tribut

Spreewald bei Lübbenau

Eduard Preis

Erfolg und Misserfolg

- Für unsere Gestirne

Der Fall ist dem Aufstieg sein Bruder.
Sie sind verwandt und doch - wie Tag und Nacht.
Mal ergreift der eine, dann die andere das Ruder.
Mal erfolgt nun das Wunder.
Mal explodiert alles wie Zunder.
Doch sei steht's dessen bedacht,
dass auf die Nacht, folgt auch der Tag.
Also versag ihm nicht seine Macht,
denn es herrscht nicht immer nur Nacht.

Nicht immer ist es so duster,
meist erscheint doch ein Stern.
Welchen man hat so verdammt gern.
Doch wenn der Frust, verdrängt alle Lust
und du siehst doch kein Licht mehr.
Dann bleib dein eigener Herr.
Der Tag ist nicht mehr fern.
Halt aus - ich weiß es ist schwer!
Doch sei stark und setzt dich zur Wehr.

Dort, siehe da - der Himmel bricht auf.
Der Tag nimmt seinen Lauf.
Hinfort ist der Frust, um dich nur Durst
nach der Vollkommenheit ebenjener Lust,
die fehlte durch all den Truss.
Hinfort, hinfort mit dem Verlust.
Schluss mit dem Gewuss'.
Jetzt kommt er wieder dieser Genuss, wie ein zärtlicher Kuss.
Gerade fasst er Fuß in meinem Tag.
Dennoch klag ich und wag ich zu Sehnen,
zu wünschen nach mehr.
Es steigert sich und übernimmt mich, dieses Begehren.
Noch kann es mich nichts Lehren.

Erst wenn der Tag sich dem Ende neigt
und der Mond wieder sein Antlitz zeigt.
Wenn das Leben schweigt
und dir seine ganzen Facetten zeigt, dann weißt du Bescheid.
Dann verstehst - Leid.

Nur um hierauf die Hoffnung,
die allerschönste Schöpfung.
Einen Lichtstahl, gar vielleicht einen Stern zu erblicken
in den unendlichen Tiefen dieser, der deinen Nacht.
Wo du nur denkst - was besitzt du nur für eine Macht.
Warum verachtest du all das Leben,
warum kannst du nicht geben.
Warum kann man nur am Tag streben und etwas erleben.
Während die Nacht hält dich wach -
schlimmer als jedwedes Erdbeben.
Du willst und kannst dich doch nicht erheben.
Bleibst schweben.
Willst dich letztendlich ergeben
und lässt dir das Leben dennoch nicht nehmen.

Da du weißt, es wird ihn geben.
All dieses Streben.
All das Nehmen und Geben.
All das Flehen hat einen Sinn.
Zu sein für Andere eben jenes Gestirn.

Eduard Preis

Da sein

Ich bin da, wenn deine Gedanken sind unklar.
Ich bin da, wenn du wirst deiner Not gewahr
und alles erscheint dir einfach nur noch sonderbar.
So bin ich da.

Ich bin da.

Auch wenn unsere Zeit ist rar, so bist
und bleibst du für mich wunderbar
und einem selbst wird klar,
wie sehr man sich sehnt nach diesem ‚da' sein.
Denn dann sind wir beide nicht mehr allein, wir sind vereint.
Man fühlt sich für den Moment befreit
und eben deshalb wisse darüber Bescheid - ich bin da!

Ich bin da, auch wenn mein Auge schon genug sah,
auch wenn es selbst für mich ist bizarr, so bin ich dennoch da.
Sei dir dessen immer klar.
Ich bin da.

Ich bin da, wenn die Realität kann einfach nicht mehr sein wahr.
Sei kein Narr und sei zu mir einfach wahr,
spar nicht an Tränen, denn es ist ein Wehen.
Was viele anders verstehen
und wir alle begehen
und gestehen unsere Fehler.
Doch ist die Gefahr für dich
in diesem dunkeln Licht zu untergehen
- ein ständiges Bestehen.
Deshalb will ich das du es einfach kannst verstehen,
das ich bin immer da.

Ich bin da.
Doch das wird den meisten erst im Nachhinein klar.
Doch ich war, ich bin
und werde auch in Zukunft immer sein für dich da.
Sei dir dieses eines Satzes immer klar.

Ich bin

Eduard Preis

Auf dem Land

Wie schön wieder fern der Stadt zu sein.
Zu genießen diese - Freiheit.
Zu tragen hier alles mit Leichtigkeit.
Auch wenn man denkt man sei hier allein.

Nein, hier auf dem Land,
ist es an so manch einem Abend besser
als an so manch einem Strand.
Doch was bist du - mein Land?
Warum liebe ich die Ferne mehr als die Wärme?
Bin ich nicht gerne unter den Menschen?

Es gibt kein Fehlen der Wärme
und auch bin ich gerne unter den Meinen.
Trotzdem hat dieses Leben etwas zum Neiden.

Die Luft, die hier herrscht
schöner als jeder einzelne Duft einer Stadt.
Die See erscheint dreckiger als ein jedes Bad
und ist dennoch mitunter das Schönste
was die Natur für uns hat.

Der Wald entbindet dich von jedem Halt,
nimmt an für dich seine eigene, besondere Gestalt.
Umgeformt und ungenormt verläuft hier der Weg,
keine Straße und kein Belag, nur du und dein eigener Weg,
welchen du musst selbst erahnen und nehmen
- mal mit, mal ohne Gewalt, doch niemals mit einem Halt.

Die Nacht, du denkst der Mensch
- er erwacht nun in der Großstadt.
Doch hier draußen - da wird darüber gelacht,
denn nicht der Mensch soll nun wachen, sondern die Sterne
- Sie dürfen lachen.

All diese Sachen kannst du erblicken auch in der Stadt.
Doch nie wirst du sie so sehen,
sie so verstehen wie auf dem Land.
Denn diese Ereignisse verbindet ein besonderes Band.
Welches verschwindet in einer Stadt an den Rand
und lässt einen umso mehr lieben das Land.

Eduard Preis

Chronik und Logik

Ob unser Leben ist durchtrieben von einer Logik
- fragtest du mich.
Ob ich sehe beständig ein bestimmtes Gesicht
- fragtest du mich.

Wenn wir Rational wären,
dann müsste sich doch nie jemand beschweren
- so sagte ich.
Wenn es leuchtet, wenn es verblich
- besteht es dann oder nicht
- so frage ich dich.

Ob das Leben vorbestimmt ist
oder
ob wir schreiben unsere Chronik doch selbst
- fragtest du mich.
Ob wenn man vergeht,
die Seele immerdar fortbesteht
- fragtest du mich.

Wenn die Sonne aufgeht und das Leben vergeht,
du aber dennoch bestehst
und dich dein eigenes Leben quält
- so frag ich dich hast du es selbst so gewählt,
hast du dein Leben verschenkt,
hast du je eines Anderen gedacht,

106

je einen Menschen verlacht,
bist du der Konsequenz oder der Strafe bewusst,
verdienst du einen solchen Verlust
- ich frage dich nochmal, bist du dir deiner Chronik bewusst.

Ob ich sei dein Sonnenlicht und Liebe sei in diesem Gedicht
- fragtest du mich.
Wenn das Leben zu mir spricht
und alles in einem Dunst um mich herum spricht,
du aber diese Stimmen erlischst und allein hervorstichst,
dann sage ich - ich liebe dich.

D. M. Hygelheim

Die Jugend von heute.
Im Wald von gestern, heute und morgen

Da sag mal einer,
die Jugend von heute hielte nichts mehr aus.

Sie lässt sich prügeln,
sie lässt sich treten,
sie lässt sich knebeln, fesseln
und auf Freiheitsentzug verlegen.

Sie setzt sich mit Leib und Seele
für das Wohl unserer Gemeinschaft ein.
Für das Hier und Jetzt und das in Zukunft Sein.

Sie widersetzt sich dem Gesetz,
wenn es nicht rechtens ist;
wenn es nicht uns Menschen,
unsere Wurzeln und das Dasein schützt,
sondern die Rechte des Lebens
von Grund auf verletzt.

-

Sie hungern;
sie warten;
sie verzichten;
sie leben für uns, unsere Erben und Ahnen.

Der Dienst an der Menschlichkeit
ist das, was es ausmacht
ein Mensch zu sein.

Was soll es sonst größeres geben,
als sich und sein Leben
für die Liebe und den Frieden
zwischen Mensch und Natur herzugeben.

-

Die Jugend von heute hält vieles aus.

Mit dem Herz am rechten Fleck
und dem Mut zum Widerstand.
Mit der Liebe zur Natur
und zum Menschsein sowieso.

Doch Unterstützung ist das was zählt.
In der dunkelsten Stunde vor dem Sonnenaufgang;
Wenn Kräfte schwinden und die Kälte steigt,
braucht es Wärme und Licht
für Stärke, Liebe und Hoffnung.

Bei euch sind wir,
Seite an Seite, Alt und Jung.
Wir lieben und lachen, weinen und trauern,
wir stehen bei euch,
auch beim nächsten Sonnenaufgang.

Ihr, die Helden der Generation Hoffnung.

Lars-Ansgar Krägelius

Working 9 2 5

Death before dying, everyday can be your last
Death before dying, so live it loud and fast
Death before dying, working nine to five
Death before dying, burried alive

Beatrix Jacob

Müritzer Seenplatte

Familienurlaub an der Müritzer Seenplatte,
bescheiden und voller schöner Momente,
mit unserem Wartburg 353 losgefahren,
auf den dafür gebuchten Campingplatz,
mit Dübener Ei und dem Faltboot Delfin,
das in den Rucksack wurde verstaut.

Umgeben von Natur und See,
wunderschönem Sonnenaufgang,
finden sich erste Gäste bei uns ein,
so lauernd auf ihre Futterration,
die Wildentlein zur Frühstückszeit.

Das Faltboot endlich zusammen gebaut,
erste Erkundungen auf diesem See,
begleitet von Wind, Wetter, Tageslicht,
fingen wir schöne Momente dazu ein,
wie die Abendsonne sich spiegelte,
am Ende unserer Tour auf dem See.

Später eine Einladung von Freunden,
konnte das Boot etwas größer sein,
und dennoch so bescheiden gebaut,
mit Wetterock Außenborder-Motor,
uns die Wege viel weiter führten,
durch Wasserwege und Kanäle,
diese zu erkunden mit so engen.
romantischen Durchfahrtsrouten,
die Einkehr auf der Insel Werder,
zu Speis und Trank Tagesritual.

Neben Bootsfahrten, andere Ausflüge,
mit unserem Pkw vom Urlaubsdomizil,
ein Abstecher zum Rheinsberger Schloss,
vorbei an dem damaligen Kernkraftwerk,

110

ein Ausflugsziel literarisch sehr bekannt,
auf den Spuren von Theodor Fontane.
meines Lieblingsdichters so wandelnd
der die Ballade von John Maynard schrieb,
ein Rundgang am Stechliner See,
durch seine Literatur wohl bekannt,
bleiben so viele Erinnerungen zurück,
an Familienurlaub und Freunde.

Beatrix Jacob

Das frierende Herz

Der kleine Vogel, er sitzt frierend und weinend am Fenster,
weil, wie bei Oskar Wilde der Student im warmen Zimmer,
diesen trotz Zuneigung und Treue ihn ignoriert und schmäht,
er ist doch nur ein kleiner Vogel mit einem großem Herzen,
man könnte meinen ein ausgegrenzter Mensch sein Ebenbild,
der nicht in diese Gesellschaft voller Scheinheiligkeit passt,
obwohl dieser seine Liebe und Warmherzigkeit schenkte,
an den Dornen ist sein Herz aufgeschlitzt und verblutet,
sein warmes Blut tropft auf ein Taschentuch am Fenster,
unschuldig und rein sein Herz, wie der Student ignoriert,
so dass sein kleiner Freund, der ihn hat so oft getröstet,
seine Gesellschaft leistete in seinen einsamen Tagen,
das er nun qualvoll und einsam langsam erfriert.

Ist diese Geschichte nicht auch ein Gleichnis,
in einer verrohten Welt ohne jedes Mitgefühl,
von Arroganz und Überheblichkeit geprägt,
wo man so gern seinen Heiligenschein putzt,
mit leerem Geschwätz und alles besser weiß,
sich geistlich überlegen und fromm wohl gibt,
die geheuchelte Nächstenliebe und unbeachtet -
ein hilfloses trauriges Herz frierend erfriert.

Beatrix Jacob

Blütenträume

Blütenträume, genähert von
Sonnenkraft, Regen und Mutter Erde,
entfalten ihre ganz besondere Schönheit in ihrer Blütezeit,
erfreuen so manches trauriges Gemüt, spenden Hoffnung,
wie das Polarlicht das stets die Dunkelheit durchbricht,
weckt Kindheitserinnerungen an Mutters Blumenparadies,
das tränende Herz als Trost bei all dem Kummer und Sorgen,
die Weidenkätzchen als Osterboten für den Neuanfang
die Pfingstrose bedeutend für geistliche Erneuerung -
Glaubensstärke die manchmal Wunden der Zeit heilt,
manch Rosen und Tulpen im Gartenkreis das Bild zierten,
das Mandelbäumchen als Bote für erwachenden Frühling.

Ob nun Osterglocke, Narzissen, Kornblumen als Blütenträume,
so faszinierten mich Lupinen in bunter Vielfalt sehr stark,
wo sich neugierig Bienen Nektar saugend tummelten,
von Mutters Hand mit so viel Fleiß wurde geschaffen,
jener Blütenzauber in unserem Garten damaliger Kindheit -

Ein frohes Herz voll Neugier auf das Abenteuer Leben,
daran erinnert mich ein Bild eines Malers voll Farben,
mit einer Dame inmitten einer großen Blütenpracht,
bringt mir das Bild der Lupinen als Hoffnungsträger -
in den Sinn, Trost und Hoffnungsstrahlen zu finden,
eine Art Seelsorge tief in mir verborgen erwachte,
unter einem Regenschirm diese Dame abseits stand,
geschützt, bewundernd Blütenträume
vor diesen Blütenträumen des Malers stand.

Beatrix Jacob

Pulsschlag der Zeit

Pulsschlag der Zeit
zwischen gesellschaftlichem Segen und Fluch,
wo Gier nach Macht, Reichtum
und selbstherrlichen Größenwahn,
das Bild, den gesellschaftlichen Pulsschlag
der Zeit bestimmen,
einen Aufbruch in
hoffnungsvollen Wiederaufbau und Wachstum-
oder Größenwahn
den Niedergang und Zerstörung gar bringen,
im Machtkampf mancher Eliten, Menschen
zum Kampf mobilisiert,
mit irrigen ideologischen Vorstellungen
und Aberglaube verführt,
durch falsche Propheten,
wo Theorie und Praxis Erzfeinde sind,
die Menschen ihre eigenen Existenzgrund laben
damit bedrohen,
im Wahne, das die Erkenntnisfähigkeit
gar keine Grenzen hat,
missachten wir alle Zeiten der Vernunft,
die uns gut geleitet.

Obwohl Natur und Naturgesetze
vor den Menschen existierte,
meint der Mensch
oft größenwahnsinnig diese zu beugen,
wundert sich über die Rache der Natur
für diesen Frevel,
statt ihre Gaben zu unserem
dienbaren Vorteil zu nutzen,
in unserem Wahn Flora und Fauna
dressieren zu können,
unsere Naturressourcen missachtend
zelebrieren wir gern Klimagedöns,

ohne jeglichen Verstand zu Wetterlaunen,
kommerziell und geopolitisch
wird Mutter Erde ausgebeutet,
vollgefressen Schwätzer
bestimmen den Ton mit Gejammer,
ohne jeglichen Sach- und Fachverstand
kaputt geschwafelt.

Neugier, großer Forscherdrang,
unsere Chancen für den Fortschritt,
zum Segen für die Schaffung
von Wohlstand gegen die Hindernisse,
wo wissenschaftlich-technischer Fortschritt
den Pulsschlag gegeben,
aber selbstherrlich Menschen
ohne Verstand dagegen rebellieren,
Natur und Mitgeschöpfe
im religiösen oder utopisch spinnend Wahn,
die Technik, humanitäre Werte
zum Sündenbock trotzig verklären,
weil sie nach Schwätzer Ideologie
nicht zum Neu-Zeitgeist passen,
vergessen die Aufklärung und Bildung
als Triebfeder zum Nutzen,
bauen wir wieder den Turm von Babylon,
im globalen Größenrausch,
ignorieren so,
das alles realistische Grenzen des Machbaren hat.

Im Pulsschlag der Zeit schlug die Geburtsstunde
zu Aufstieg und Niedergang,
als der Tauschhandel abgelöst vom Finanzwesen
zum Segen für den Handel,
wo die Wirtschaft gedieh und das Sozialwesen
zum Wohle Fahrt aufnahm,
doch dann wendete sich das Blatt der Zeit
durch Gier dramatisch zum Fluch,
was man einst an Realwerten

für gesellschaftlichen Wohlstand geschaffen,
durch Wissenschaft errungen,
danieder in künstlichem Schwätzer Wahn,
wurde von ideologischen Hirngespinsten
und Misswirtschaft gar zerstört,
geopolitische Kriege im Machtrausch angezettelt
zum Leid von Menschen,
Tanz auf dem Vulkan,
bis die Seifenblase an der Realität bitter zerplatzt,
Harmonie zwischen Realwirtschaft,
Finanzwesen, Ressourcen zerstört.

Beatrix Jacob

Wie ein Fels in der Brandung

Wie ein Fels in der Brandung, unerschrocken,
bodenständig im Leben stehen,
wenn gar unser Lebensschiff
durch unberechenbare, turbulente Zeiten treibt,
den Meereswellen gleich,
wird von den Launen der Natur stark geprägt,
von manch Schmerz, Pein und Krankheit -
manchmal auf der Lebensbahn heimgesucht,
so trösten auch mich Bilder mit Ausdruckskraft,
Bilder auch aus meiner Kindheitserinnerung,
wenn ohne Seelsorge das Herz beinah erfriert.

In Gedanken an Mutters wunderschönen Garten,
mit Liebe geprägt,
die Vielfalt von Pflanzen und Blumen,
die das Herz so oft erfreuen,
mein Blick streift über ihre bunte Lupinenrabatte, so einzigartig,
wo sich so viel Leben tummelte,
sich an dem Blütennektar nährte,
mein Herz findet Trost
in dieser traurigen Zeit und Aufmunterung,
das nicht Kummer und Sorgen mein Gemüt mögen bezwingen,
um mich wieder zu erheben und aufrecht meinen Weg zu gehen,
den Meereswellen gleich dieser lähmenden Ebbe zu entkommen,
wie ein Fels in der Brandung, unerschrocken, im Leben stehen.

Wie ein Leuchtturm, der den Seeleuten weist den Weg,
jener helle Stern am Himmel, der ihnen Orientierung gibt,
in der Dunkelheit der Nacht das rettende Ufer zu finden,
so entdecke auch ich hoffnungsvoll den neuen Weg,
mit starkem Glauben und Lebenshunger gar beflügelt,
der so tief und stark in mir verwurzelt inne wohnt,
um wie der Fels in der Brandung im Leben zu stehen.

Beate Loraine Bauer

Guten Tag – ich will mein Leben zurück!

Guten Tag – ich will mein Leben zurück!
Exakt von dir
der mir meine Träume – Ziele –
wunderbaren Möglichkeitsspuren
sehr früh gewaltsam demütigend raubte.

Ohne Wenn und Aber,
ohne Respekt vor dem klar ausgesprochenen NEIN
Ohne jeglichen Einhalt
mir meine Unschuld – Unversehrtheit –
ja Würde wie sicheres Frausein dürfen
brutal entriss
Tiefes Seelenherz in Angst und Pein bleiern zurückließ
Kalt bedrohliche Dunkelheit wie Schmerzen hineinpflanzte
Körperlich wie psychische Wunden
im innersten Sein horizontweit stark als Daseinslast schuf

Guten Tag – ich will mein Leben zurück!
Kein lapidares Tabuisieren.
Kein weiteres schweigendes Zustimmen.
Nein!
Den Täter sogar bei
sozialempfindlicher Resozialisierung höher stellen?!
Das Opfer allein gelassen
bleibt ein zweites Mal zurück
Schutzlos fortgesetzt ausgeliefert
auf sich erfolgenden Erlebnisebene
erzeugt dies neue leidvolle Tränenfluten.

Guten Tag – ich will mein Leben zurück!
Über endlose Gezeitenhügel
sachte, fleißig und mit vielfältigen
Anläufen wie Verarbeitungsprozessen
 später das heilende Gefühl
von neugeschöpfter Freiheit wie Würde
zurückgekämpft zu erlangen.

Kraftmeere dabei verbraucht
Nach unendlich vielen Rückschlägen –
Angstseelenhaut durchleben
wie dunkelgrauen Schamlandschaften.

Das große Traumapuzzle
stückchenweise gesegnet befreiend zersetzt.

Meinen Kerkeratem verlassen das Jetzt-Dasein geborgen.
Mein Leben – mein Körper – meine Seele – mein Atem
entfaltet Leichtigkeitsflügel die bedeutend
dankbar und glücklich intensiv leben zu können.
Wertschätzung – wie wichtig für ein liebevolles Ich-Sein-Können.

Guten Tag – ich will mein Leben zurück!

Seinen aufoktroyieren Täter-„Macht"mantel
zerschnitten und verbrannt –
seine Daseins-Tagblätter mögen mit erwachendem Gewissen,
Verantwortung wie identifizierender Einsicht
rege seine Alltagsfläche einnehmen

In seinen humansten Schattenbearbeitungsphasen
wo Schuld in seinem Herz-Seele-Körper laut zu schreien beginnt.
Verstehen lernen welch einschneidende Erfahrungswelten
er bewirkte.
Er selbst braucht ebenso Aufarbeitung wie Heilung,
damit weltweit angreifenden Tätergruppierungen
eine drastische Dezimierung widerfährt.

Übergriffig gewalttätiges Verhalten gegenüber
Frauen und Kindern
e n d l i c h
eine absolute Ausnahme bilden!

Beate Loraine Bauer

Frauenstimme heute

Im Hier und Jetzt
besetzt – ja erfüllt – Frau multiplexe „Rollen",
welche anlagebedingt durch Medien beworben einfließen.

Frau – Mutter – Tochter – Schwester – Freundin
Köchin – Haushaltsqueen – Arbeitende –
Sportliche – Makellose und weitere...
Gerne alles in einer Person vereint.
Solchen aufoktroyierten Vorbildmaßstäben wie
indirekten Anspruchsmustern
sollte Frau reflektiert eigenverantwortlich begegnen.
Aus erkannter Vergangenheit Grenzen
wie Rückschritte überwinden.

Die bis dato erlangten wie erkämpften Rechte
bitte nicht als flüchtige Selbstverständlichkeiten „akzeptieren".
Nicht der Schein – sondern das Sein strukturiert
sinnig wie bezeichnend das Dasein.
EINSTEHEN – für Rechte und Gesetze die Frauenleben
auf eine ebenbürtige chancengleiche Ebene wirksam bringen.
Visionen – Wege – Lebensformen – Ziele Erreichbarkeit atmen.

Wo Kindern – Jugendlichen – Frauen
durch Werbeslogans – Zeichentrick-Figurkonturen
– Mode „Korsetts" und mehr
plakatiert als Ideal-Gewichts-Körper-Kultur verinnerlicht wird.
Verlieren darin unsere Authentizität und Individualität komplett.

Welche Chancen – Entfaltungsfenster
– Karrieregleichstellungen –
Bezahlungsmaßstäbe – Leistungswahrnehmungen
erfahren wir wirklich im Alltagsumfeld?

Weltweit gibt es absolut zu viel Gewalt – Übergriffe –
Vergewaltigungen oder sexistische Unterdrückungen.
Ohne Gerechtigkeit – Schutz – Würde –
Respekt – SICHERHEIT!

Im Internet ist eine dunkle machthungrige „Täter-Gesellschaft",
die mobbt – verbal zuschlägt – sexuell orientiert –
vehemente Verletzungen – Übergriffe –
Bloßstellungen anonym ausführt.

In vielen Ländern erfahren Frauen
und junge Mädchen unterprivilegierte Behandlung.
Sozial, religiös, beschnitten,
bildungstechnisch an den Armutsabgrund manövriert.
Eine stille kategorische Ausgeliefertsein-Methode –
aus der nur wenige entkommen.
Altersarmut ist in verschiedenen Ländern gängige Gegenwart,
welche einflussreichere Aufklärung
wie Handlungskraft mobilisieren im Gender-WIR!
Wo wäre es zentral und richtig, das wir Frauen einander
Mutmacherinnen – gegenseitige Brückenbauerinnen –
Mentorinnen – Einsatzwegweiserinnen sind?
Ohne Eifersüchtelei – Neid – Missgunst,
eher reines avancieren für FRAUEN-Sachen,
mit objektivem Genderblick
Um gerade im Heute
wünschenswerte konstruktive Entscheidungswege
im Miteinander fürs Morgen
zum realen Verändern bringen zu können!
Wo Schubladen – Etikettenaufschriften –
In-Sein-Körperform-Messages und mehr
weniger einritzende Erlebnis- wie Wirkungsfläche verknüpft.

Zeigen wir Gesicht –
werden wir kluge klare Stimme.

Schöpfen aus tiefen inneren Ressourcen
und Bewusstsein Resultate ans Tageslicht.

Mit dem ersten Schritt.
Gedankenkonzept – Entscheidungswillen – Mut und Tatkraft
können wir förderlich beachtenswerte ERGEBNISSE erzielen.

Jetzt ist ein guter Zeitpunkt es anzupacken,
das ich und du direkt
mit Vertrauen und Zuversicht infolge realisieren.

ALLES ist möglich, wenn wir es tun!

Beate Loraine Bauer

Freundschaftswelten

Auf unterschiedlichsten Daseinspfaden
begegnen wir Menschen –
von klein auf –
welche eine zugewandte wie tiefere Bedeutung
für uns wie unsere Entwicklung beinhalten.

Aus dem Kennenlernen erwächst Freundschaft –
Nähe – Vertrauen –
geteilte Erlebnisfelder – Gedankenvögel
wie Empfindungslandschaften.

Gespräche – Zielvorstellungen – Erfahrungsbilder
bereichern – gestalten – verändern –
das Wir…

Zeit – Episoden – Gesellschaft – Beruf – Familie
wehen hinein in die persönlichen Lebensblätter
Entfalten wechselseitig bewegliche Veränderung
wie Einstellungen – Entscheidungen – Handlungsbasen

Vereinzelt aber verabschieden Beziehungsknöpfe einander still.

Im zwischenmenschlichen Wandlungsprozess
von Höhen wie Tiefen, Licht und Schatten
arrangiert Freundschaft auf neuwertiger – umgestalteter –
gleichbleibender Beziehungssinnqualität.

Erkennen mitunter häufiger einbindend prägende
Übereinstimmungen dieser individueller Wege.
Gewinnt bedeutsam an Intensität –
Inhaltstiefe – Dialogschätzen
– Akzeptanz wie Toleranz
Eindrücke – Reisen – Weltanschauungen –
Reflektion – Resonanzen
weben kunterbunt gesunden Miteinanderteppich,
der vollkommen wunderbare Begegnungschancen
vervollständigt.

Im Respekt – Augenhöhe – Ehrlichkeit –
Zuverlässigkeit – Solidarität
wirksam teilnehmende Realitätspartner darin sind.

Beate Loraine Bauer

Wer fragt noch nach Sinn dem Leben?

In den scheinbar perfekt glatten Hamsterrädern
von Alltag und Dasein
richten wir die Aufmerksamkeit zu oft
rein auf Äußerlichkeiten.
Medial verheißungsvoll als In-Sein-Vorbild angepriesen...

Zu oft bleiben Respekt – Würde – Toleranz wie Akzeptanz
dabei auf zwischenmenschlicher Strecke.

Wann – wie und wo stellt wer die Frage nach Lebenssinn?
Atemseelenreise ist ein einzigartiges kostbares Geschenk.
Die Sinnfrage zu stellen
beinhaltet persönlichen Weckruf
sich auf den Weg begeben zu wollen
Antwort/en zu finden – da vielleicht eine
noch wissensdurstiger anfacht...

Wie gehen wir mit Antwortsaat um?
Erkenntnisblüten die wichtige Essenz
von bewusstem Sein vervollkommnet
Sinn mit aktivem begleitendem Weiterentwicklungsfaktor.
Liebe – Frieden – Zufriedenheit – DANKBARKEIT
tief im Herzen eingewoben und als leuchtende Sonnenstrahlen
ins Außen strömen.

Einige Lebens-Erlebnis-Behälter
werden sich klar leeren,
doch daraus wird unendliche neue Schöpfung
entstehen – erwachsen – vervielfältigen.

F ü l l e
verfügbar als wunderbarer Erfahrungsklangschatz
in sämtlichen Weltenmomenten wirksame Ergebnisse vollbringt.

Beate Loraine Bauer

Natur-Influenzier

Es ist IN
ausgefallene oder schöne Landschaftsfotos
ins Internet zu stellen.
Fordert indirekt direkt andere auf –
gleich zu ziehen…

Wie eine Sportart rennen die Aktivisten
– zeitweise in Horden –
an abgelegene Naturoasen wie Berggipfelblick
um den besonderen Schnappschuss zu feiern.

So viele Menschen – so viele abgelaufene Schritte
auf kleinen Pfaden, die hierfür nicht vorgesehen sind.
Richtiges Schuhwerk?
Erzeugte Abfälle wie dort entsorgt?
Anstatt friedliche Stille
anstehen in der Reihe, um das richtige Licht wie
Winkeleinstellung fürs Bild realisieren zu können.
Das natürliche Gleichgewicht sowie
schützenswerte Tierwelt in deren Alltagsraum
finden kaum achtsam respektierten Gegenwartsatem.

Höher – besser – ausgefallener für was?
Bis zu welcher selbst auferlegten Grenze –
falls diese noch direkt erkennbar wahrgenommen wird…

Eine Mutter Erde
auf die wir Menschen als kleine durchreisende Endlichkeitsgäste
ein neues Spielfeld von unbedachtem Inszenierungsmodus
„frönen"!

Für das eine Naturfoto – welches sich im beweglichen
Daseinserlebnisfenster sekündlich verändert
im Entfaltungsmeer verschwindet.
Zu was für einem Preis?
Naturschauplatz Müllhalden wie wir so rege überall

produzieren – sind nicht so idyllisch – leider ein
erschreckendes Resultat unserer Handlungsweise…
Mit und ohne Foto… kostbare Schöpfungsschätze zerstören!

Beate Loraine Bauer

Morgenlebensgeschenk

Aus tiefblauer Nacht
wo Schlafesmantel geborgen
Körperseelenzuhause schmiegend wiegt –
erwacht langsam bewusst Atem.
Stiller Frieden begleitet sein
liebevoll schöpfendes Lebenslos- wie Zulassens…

Erkennen Herzaugen über diese beginnend
einzigartige Daseinsode persönliche Endlichkeitswege.
Im Anfang wohnt ein Segenszauber inne –
tagtäglich neugeborenes Wunder – ja Geschenk.

Mit Träumen – Visionen – Zielen gesät
die aus ihrem verfügbaren Möglichkeitskokon
ins erfüllende Reallicht geholt werden mögen.

In steter vertrauensvoller Beweglichkeit –
im Fluss des Lebens –
den Sinntakt gehen –
der auffordert innere Grenzen zu überwinden –
mutig mit Rückgrat für Inhalte einzustehen.

Die Leichtigkeit eigener Entfaltungsflügel
in der freien Entscheidungswahl
intensiv wertschätzend erfahren dürfen.

Als Weltenreisender dieses Tagesschatzes
unzählige freudige – glückliche wie liebevolle
Erlebnisblüten sammeln – die sein Herz
bereichert erleuchtet.

Inhalt

Giulia Patruno
5   Das Leben ist schön
7   Heimat
8   Meine Liebe ist anders
10   Tag für Tag
11   Jetzt geht es mir gut
12   Der Grund
14   Mit dir
16   Trotz aller Widrigkeiten
18   Für einen kostenlosen Traum
19   Auch Kritik ist Liebe
21   Seltsam grausam

Paola Reinhardt
23   Frühlingswunsch
24   Blaue Tinte

Nico Hardrath
25   Folgenreiches Strandgeflüster
26   Kuss um Kuss
27   Laut geträumt

E.C.M.Tüx
28   Auf und Ab
29   Sprachlos
30   ab_lage

Felix Martin Gutermuth
31   Tage im Taumel der Sterne
32   Da draußen
33   Pour la nuit de la Motte
34   Linda ist lost
35   Die Allee nach Klosterfelde
36   Mostly drunking

37 Abgründiges Verhalten
38 Entschwunden
39 Im Leichenschauhaus der Poesie
41 Rückfällig
42 Auf Tour
43 Bar 11
44 carpe noctem
45 Wird schon…
48 Totentanz in Clichy
49 Mainz-Altstadt
50 Allen voran Nietzsche
52 Levi´s 501
53 Dichter der Großstadt
54 Probleme
55 Silvester
56 Business
58 ad acta

Joachim Gräber
59 Absolut geflascht
60 Nike von Samothrake
61 Entwertung
62 Der Feldhamster mit der Tarnkappe
63 Das Messer an der Kehle

Ingrid Baumgart-Fütterer
64 Kater Tom, der Biker
65 Ermahnende Worte an Biker Kater Tom
65 Exotische Erscheinung
66 Zu Wasser und zu Lande
66 Aus der Reihe tanzen
67 Der Dominante
67 Der Ordnungshüter
68 Der Fußballspieler
68 Alte Liebe, frisch belebt
69 „Heilgebet" der Maus
69 Her mit dem Diebesgut!
70 Hula-Hoop-Tanz
70 Vertrauensvolle Begegnung

71   Einfühlsamer Esoteriker
71   Ein Bild des Elends
72   Altersmilde
72   Verwöhnter Burg – Mäusejäger

Zoë Mae Generoso
73   Stichomythie eines Kindes

Klaus J. Rothbarth
76   Schadstoff-Triologie

Anja Bähr
87   Es ist Zeit

Jens Gottschall
89   Ein milder Winter

Marko Ferst
90   Dünne Landzunge
91   Stille durch Corona
92   Kleinstadt im Erzgebirge
93   Unverortet
94   Helle Mondnacht: 60. Breitengrad
95   Leerstelle
96   Australische Feuer
98   Minieiszapfen
99   Beute
100   Steinzeiten
101   Heißer Tag

Eduard Preis
102   Erfolg und Misserfolg
103   Da sein
105   Auf dem Land
106   Chronik und Logik

D. M. Hygelheim
108   Die Jugend von heute. Im Wald von gestern, heute und morgen

Lars-Ansgar Krägelius
109   Working 9 2 5

Beatrix Jacob
110   Müritzer Seenplatte
111   Das frierende Herz
112   Blütenträume
113   Pulsschlag der Zeit
116   Wie ein Fels in der Brandung

Beate Loraine Bauer
117   Guten Tag – ich will mein Leben zurück!
119   Frauenstimme heute
121   Freundschaftswelten
123   Wer fragt noch nach Sinn dem Leben?
124   Natur-Influenzier
125   Morgenlebensgeschenk

130

Autorinnen und Autoren stellen vor:

Andreas Erdmann, Monika Jarju u.v.a: Die Ostroute. Erzählungen, 256 Seiten, Edition Zeitsprung, Berlin 2014, 11,90 €

Marko Ferst: Einzug in die Stille. Erzählung, 112 Seiten, Edition Zeitsprung, 2021
Marko Ferst: Jahre im September. Gedichte und Erzählungen, 212 Seiten, Edition Zeitsprung, 2017, 11,90 €
Marko Ferst: Umstellt. Sich umstellen. Politische, ökologische und spirituelle Gedichte, 160 Seiten, Engelsdorfer Verlag, Berlin 2005, 11,20 €
Marko Ferst: Täuschungsmanöver Atomausstieg? Über die GAU-Gefahr, Terrorrisiken und die Endlagerung, 136 Seiten, Edition Zeitsprung, Berlin 2007, 9,95 €
Marko Ferst, Franz Alt, Rudolf Bahro: Wege zur ökologischen Zeitenwende. Reformalternativen und Visionen für ein zukunftsfähiges Kultursystem, 340 Seiten, Edition Zeitsprung, Berlin 2002, 21,90 €
Marko Ferst, Rainer Funk, Burkhard Bierhoff u. a.; Erich Fromm als Vordenker. „Haben oder Sein" im Zeitalter der ökologischen Krise, 224 Seiten, Edition Zeitsprung, Berlin 2002, 15,90 €
Leseproben und Bestellung: www.umweltdebatte.de

Felix Martin Gutermuth: Chips, Nippel und Abenteuer. Gedichte, 104 Seiten, 2020, 7,90 €, Leseprobe: www.literaturpodium.de

Fritz Leverenz, Sabine Naumann, Peter Lechler u.v.a.: Brücken ins Land. Erzählungen, 376 Seiten, Edition Zeitsprung, Berlin 2021,14,90 €

Eduard Preis: Einzig dieser Moment. Gedichte und philosophische Poesie, 80 Seiten, BoD, 2020, Leseprobe: www.literaturpodium.de

Und schweigen. Auf ewig.

Gedichte

Rainer Daus

108 Seiten, 2020

Dieser Gedichtband führt uns auf kriminalistisches Terrain. Abgründe öffnen sich, man fühlt sich in Episoden von Dostojewskis Romanen versetzt. Es geht Schlag auf Schlag, die Luft ist bleihaltig. Zwischendurch ein Atemholen beim Blumengießen im Garten. Von unmöglicher Rache berichtet ein surreales Amselgedicht. Ein Arbeitsunfall hinterlässt einen Mann in einem Zustand, der von anderen nicht mehr verstanden wird. Attentäter sind unterwegs, Sprenggürtel werden angelegt. Was haben sie vor? Die Wörter-Wucht des Klimadesasters sorgt für Beklemmungen. Auf beschwerliches Dichterleben kommt die Rede. Gruben mit kleinen gelben Baggern werden ausgehoben für tausende Coronatote. Die vielen Opfer der Pandemie, sie schweigen für ewig. Aber auch von Liebe und Küssen weiß ein Gedicht zu erzählen. Daus schreibt Prosagedichte, oft kantig und rau. Und bei vielen Texten fragt man sich: Ist es schwarzer Humor, der sich hier ausdrückt, oder ist es der pure Sarkasmus?

Leseprobe, Inhalt: www.literaturpodidum.de
Kontakt und bestellen: daus.r@t-online.de

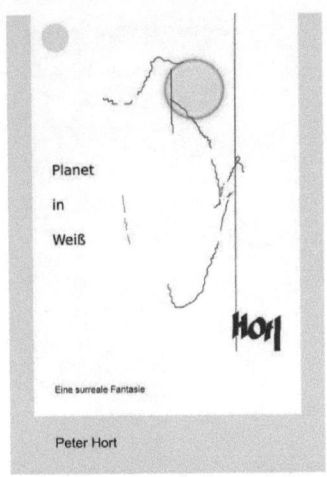

Planet
in
Weiß

Hort

Eine surreale Fantasie

Peter Hort

Planet in Weiß

Eine surreale Fantasie

Peter Hort

72 Seiten, 2020

Unbetretene Pfade und Lichtungen öffnen sich. Treten Sie ein in eine Fantasiewelt, Sequenzen aus dem Heute und vergangenen Zeiten. Virtuose Szenerien gleiten vorbei. In welchen Lagen des Bewußtseins verbirgt sich die Weisheit? Die Narren entziehen den Blick, der sich noch orientiert. Königen wird gefolgt, Symmetrien gebrochen. So ist diese Romandichtung von Peter Hort eine Reise ins Ungewisse. Keine Spur führt zum weißen Planeten.

Inhalt, Leseproben: www.literaturpodium.de
bestellen: pehort323@gmail.com

Einzig dieser Moment

Gedichte und philosophische Poesie

Eduard Preis

80 Seiten, 2020

Wie durchlaufen wir den Bogen des Lebens? Im Band finden sich eine Vielzahl philosophisch akzentuierter Gedichte. Bewegung und Stillstand ergeben zwei ewige Gegensätze. Sie bestehen jedoch nur aufgrund ihrer gegenseitigen Verbundenheit. Diese Einheit wird uns in manchen Augenblicken bewusst. Solche Momente bewegen uns, wir halten inne und reflektieren über den Lauf der Dinge, die Welt wie sie beschaffen ist. Doch führt uns der Autor auch in die Gestade der Träume, lädt uns nach Lappland ein oder fragt nach dem Erhalt der ökologischen Balance. Umarmungen und die Gestalten der Liebe lassen sich auffinden. Folgen Sie den Eisenbahnschienen des Nordens oder den Spielarten moderner Kunst. Einige Gedichte sind um eine englische oder russische Version ergänzt.

Inhalt, Leseproben: www.literaturpodium.de
bestellen: preis.eduard@hotmail.de

Chips, Nippel und Abenteuer

Gedichte

Felix Martin Gutermuth

104 Seiten, 2020

Vagabundisches Leben, das Risiko als Lebensplan und der Späti als Schaltstelle der Nacht. Felix Martin Gutermuth zelebriert ungeschönte Momentaufnahmen, zeigt die Narben, denen nicht zu entkommen ist, sobald Konventionen keinen Halt mehr bieten. Wie die Liebe mäandert, zeichnet er nach, läßt erotischen Abenteuern ihre Faszination, zeigt Fallstricke. Noch nach Jahren steht er im Bann einer früheren Liebe. Seine klaren und unverstellten Gedichte geben Einblicke in großstädtische Atmosphäre, blenden ein, was andere ausblenden. Oft bewegt er sich in Berlin-Neukölln, nach Paris und Mallorca führen ihn seine Wege. Doch alles bleibt ungewiss im Wendekreis des Krebses.

Leseprobe, Inhalt: www.literaturpodidum.de
Kontakt und bestellen: felixmartingutermuth@gmx.de

Literaturpodium

Bei uns können Sie Gedichte, Erzählungen, Essays, wissenschaftliche Beiträge, Märchen, Fantasiegeschichten, Haiku, Aphorismen, Reisereportagen etc. in verschiedenen Buchprojekten veröffentlichen. Die Bücher werden gegenseitig mit Anzeigen beworben und im Internet präsentiert. Sie sind in vielen Ländern lieferbar. Auch eigene Gedichtbände, Romane etc. können publiziert werden.

Mehr Informationen unter:

www.literaturpodium.de

Oktobertage

Gedichte

Claudia Castillon, Josef Wehinger, Petra Dobrovolny-Mühlenbach u.v.a.

156 Seiten, 2020

Auch so etwas gibt es

Lustige Erzählungen und Gedichte

Kerstin Werner, Tengis Khachapuridse, Helmut Glatz, Helmut Tews, Eckhart Kollmer, Peter Lechler u.v.a.

444 Seiten, 2021

Leseproben, Inhaltsverzeichnis: www.literaturpodium.de
Bestellung: wettbewerb@literaturpodium.de

Seltenes spüren

Gedichte

Ulrich Grasnick, Elisabeth Hackel, Günter Kunert,
Marko Ferst, Dorothee Arndt, Charlotte Grasnick u.v.a.

Seltenes spüren

Gedichte

Ulrich Grasnick, Elisabeth Hackel, Günter Kunert, Marko Ferst, Dorothee Arndt, Charlotte Grasnick u.v.a.

268 Seiten, 2014

Erleben Sie den Inkafrühling in Peru. Versunkenen ägyptischen Schätzen wird nachgespürt. Monets Garten lädt ein und dem Duft einer französischen Bäckerei folgt ein Gedicht. Der Berliner Dom spiegelt sich nicht mehr im Palast. Zahlreiche surreale Gedichte enthält der Band, vereinzelt auch gereimte. Ein Besuch bei Heine steht an, versteckt liegt sein Denkmal. Den Szenarien der Krieger geht ein Lyriker auf den Grund, von weidwundem Land berichtet ein Gedicht für die Erde. Letzte Bienenwagen kommen in den Blick, Ausflüge führen ins Känguruland. Die Sonnenpost läßt uns Entfernungen vergessen. Der vorliegende Band ist eine Gedichtsammlung des Köpenicker Lyrikseminars und der Lesebühne der Kulturen Adlershof. Gäste wurden eingeladen. Grafiken von Dorothee Arndt illustrieren den Band. Das Lyrikseminar existiert seit 1975 und publizierte bereits mehrere Anthologien.

Leseproben: www.umweltdebatte.de
Bestellung: marko@ferst.de (dt. Porto frei)

Republik der Falschspieler

Marko Ferst

172 Seiten, Gedichte, 11,60 €, Leseproben: www.umweltdebatte.de

Wohin driftet die Berliner Republik? Ein bißchen Gelddiktatur schadet doch niemandem? Die Gedichte in diesem Band bürsten unbequem gegen den Strich. Hartz IV und Ein-Euro-Job kommen auf den Prüfstand. Da wird nach sozialer Gerechtigkeit ebenso gefahndet wie nach ökologischer Balance. Sind wir als Zivilisation dem Untergang geweiht? Der Autor setzt sich auseinander mit den Folgen von Tschernobyl für die Menschen und thematisiert: Atomkraft ist unverantwortlich. Er führt uns nach Mittelasien und schreibt sich an die Tragödie um den verschwindenden Aralsee heran.
Wieviel unschuldige Opfer fordert der angebliche Kampf gegen den Terror? Was konnte die orange Revolution in der Ukraine leisten oder wieviel blaue Adern durchziehen sie? Unternommen wird ein Ausflug an die Wolga und nach Kasan. Einen umfangreichen Abschnitt mit Liebesgedichten findet man vor, überdies zahlreiche Landschaftsgedichte. Außerdem: was kann dem streßgeplagten Weihnachtsmann alles passieren? Eine Nachtwanderung führt in spukumwundenes Ferienland.

Bestellung: marko@ferst.de

Jahre im September

Gedichte und Erzählungen

Marko Ferst

Edition Zeitsprung

Jahre im September

Gedichte und Erzählungen

Marko Ferst

212 Seiten, Edition Zeitsprung, 2017

Über Ostseeinseln wie Öland und Usedom streifen die Gedichte. Sie führen in die schwedische Schärenstadt sowie nach Buchara, Samarkand oder in den Ural. Magische Ausflüge in die Natur und Tierwelt tauchen auf. Gedichte zu Musik, Literatur und Malerei reichern diesen Lyrikband an. Unter die Lupe genommen wird der Drang der Regierenden, uns mehr und mehr auszuspionieren. Kritik zieht das gescheiterte Afghanistan-Abenteuer auf sich, das syrische Totenfeld wird umrissen. In Bangladesch zeichnen sich weitere Landnahmen des Meeres ab, Wasserstände, die mit unserem verschwenderischen Lebensstil im Norden verbunden sind. Sondiert wird, warum unsere Zivilisation ökologisch zu scheitern droht, sich längst im Spätstadium befindet. In der Arktis zeigt sich, wie weit das Vorspiel zum Klimaumsturz schon gediehen ist. Spitzbergen archiviert unsere letzten genetischen Hoffnungen. Den Spuren und Abgründen einer mysteriösen Krankheit wird nachgegangen. Der Band enthält zwei Erzählungen - eine arktische Begegnung zwischen weißen Raubtieren und einen Blick in das sowjetische Speziallager Sachsenhausen.

Leseproben: www.umweltdebatte.de Bestellung: marko@ferst.de

Pinselstriche, Klavier und Kunst

Gedichte

Heike Streithoff, Volker Teodorczyk, Carsten Rathgeber u.v.a.

404 Seiten, 2020

Malerei, Musik und Schriftsteller spielen in diesem Gedichtband eine herausgehobene Rolle. Beethoven, Storm oder Barlach bekommen ihren Auftritt. Monet und Vincent von Gogh sind gefragt. Begebenheiten mit einem Aktmodell werden geschildert. Schwimmen Sie auf den Wasserpfaden der Haie. Reden wir von den letzten Elefanten auf unserem Planeten, dem Schwinden der Evolution. Katzengedichte sind im Band zu finden. Genießen Sie ihren Kaffee auch im Lockdown. Die Corona-Pandemie hinterläßt Spuren in den Gedichten. Ein Maskenball setzt sich in Szene. Warum sind die Nazis von der AfD keine Panzerknacker? Von den verwaisten Dörfern am Rand von Tagebauen wird berichtet. Eine Frau trifft ihren Ex-Mann, sondierte ihre Gedanken über ihn. Herbstgedichte sind zu finden, der Wind pfeift um die Ecken.

Leseproben, Inhaltsverzeichnis: www.literaturpodium.de